WORLD BOOK
L'Encyclopédie Découverte

11
Q ▪ R

World Book, Inc.
Une entreprise Scott Fetzer
Chicago
www.worldbookonline.com

Pour obtenir des renseignements sur les autres publications
de World Book, veuillez consulter notre site Web à l'adresse
http://www.worldbookonline.com ou appeler le
1-800-WORLDBK (967-5325).

Pour obtenir des renseignements au sujet des ventes aux écoles
et aux bibliothèques, composez le **1-800-837-5365 (au Canada)**
ou le **1-800-975-3250 (aux États-Unis).**

World Book, Inc.
233 N. Michigan Ave.
Chicago, IL 60601

Library of Congress Cataloging-in-Publication Data

L'encyclopédie découverte de World Book.
    p. cm.
   Includes index.
   Summary: "A 15-volume, illustrated, A-Z general reference
encyclopedia for students in the primary grades or for those
learning French as a second language. Includes guide words,
pronunciations, and other traditional reference features as
well as an atlas of world maps, special features, and a
cumulative index"--Provided by publisher.
   ISBN 978-0-7166-7430-6
   1. Encyclopedias and dictionaries, French. I. World Book, Inc.
AE25.E3385 2009
034'.1--dc22
                                        2008036117

Printed in the United States of America
1 2 3 4 5 12 11 10 09 08

Qq

est la dix-septième lettre de l'alphabet français.

Les lettres manuscrites diffèrent d'une personne à l'autre. Les lettres manuscrites (qui ressemblent à des caractères d'imprimerie), à gauche, se composent de courbes simples et de lignes droites. Les lettres cursives, à droite, ont des lignes plus courbées.

Le q minuscule est apparu au VIe siècle. La barre verticale était tracée après la partie arrondie de la lettre pour distinguer celle-ci du p minuscule. Vers l'an 500, le q avait sa forme actuelle.

| An 500 | 1500 | Aujourd'hui |

Façons particulières de représenter la lettre Q

Alphabet en langage gestuel   Braille   Code international des drapeaux

Évolution de la lettre Q

Les anciens Égyptiens	Les Phéniciens	Les Grecs	Les Romains
vers 3000 av. J.-C., ont dessiné ce symbole représentant un singe. Les Sémites lui ont donné le nom de *qoph*, le mot signifiant singe dans leur langue.	vers 1500 B.C., utilisaient un symbole représentant une corde nouée pour écrire cette lettre.	vers 800 av. J.-C., ont modifié la lettre. Ils lui ont donné une forme semblable à celle du G et l'ont appelée *koppa*.	ont donné à la lettre Q sa forme actuelle vers l'an 114.

Le Qatar est un petit pays arabe au sud-ouest de l'Asie. Le Qatar est un émirat, c'est-à-dire qu'il est gouverné par un prince appelé émir. Doha est la capitale du Qatar et sa ville la plus importante.

Le Qatar est entouré d'eau sur trois côtés : à l'ouest par le golfe de Bahreïn, et au nord et à l'ouest par le golfe Persique. L'Arabie saoudite et les Émirats arabes unis se situent au sud du Qatar. La majeure partie du territoire du Qatar est un désert pierreux.

Les habitants du Qatar sont les Qatariens. Avant 1939, la plupart des Qatariens faisaient l'élevage de troupeaux de chameaux, pêchaient le poisson ou pratiquaient la pêche de perles pour subsister. Toutefois, en 1939, des gisements de pétrole ont été découverts au Qatar. La plupart des Qatariens ont commencé à travailler dans les champs de pétrole et ils se sont installés dans les villes, dans des maisons ou des appartements modernes. Des milliers de personnes provenant des pays voisins sont également venus s'installer au Qatar pour travailler dans les champs de pétrole. Aujourd'hui, le Qatar compte deux fois plus d'habitants provenant d'autres pays que de Qatariens.

L'arabe est la langue officielle du Qatar, mais un grand nombre de directeurs d'entreprises et de fonctionnaires parlent également l'anglais. L'islam est la religion d'État.

Le pétrole est le produit principal du Qatar. Le Qatar achète à d'autres pays une grande partie de sa nourriture ainsi que beaucoup d'autres produits.

La région que l'on appelle aujourd'hui Qatar est habitée depuis des milliers d'années. En 1916, les Britanniques ont pris le contrôle du Qatar. En 1971, le Qatar s'est libéré du contrôle britannique. Bien que le Qatar soit encore gouverné par un émir, le peuple qatarien a approuvé, en 2003, une constitution qui leur accorde une voix plus importante dans l'administration.

Coup d'œil sur le Qatar

Capitale : Doha.

Superficie : 11 000 km² (4 247 mi²). *Distances les plus grandes* — nord-sud : 185 km (115 mi); est-ouest : 89 km (55 mi). *Littoral* — 378 km (235 mi).

Population : *Estimation actuelle* — 841 000; densité de population : 76 habitants par km² (198 par mi²); répartition : 95 % en milieu urbain, 5 % en milieu rural. *Recensement de 2004* — 744 029.

Langue officielle : l'arabe.

Principaux produits : pétrole et produits du pétrole.

Monnaie : *Unité de base* — le rial qatari. Le rial est divisé en cent dirhams.

Forme de gouvernement : monarchie traditionnelle.

Climat : étés chauds et hivers doux; peu de pluie.

Drapeau

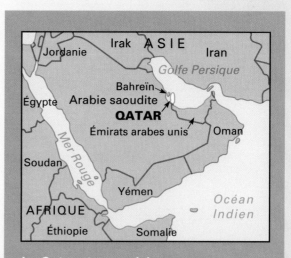

Le Qatar et ses voisins

Quakers

Les quakers sont membres de la Société religieuse des amis. L'Anglais George Fox a fondé le quakerisme en 1647. Aujourd'hui, plus de la moitié des quakers dans le monde vivent aux États-Unis. L'Angleterre et le Kenya, en Afrique, comptent également un grand nombre de quakers. De petites communautés de quakers vivent à d'autres endroits.

Depuis le début de leur histoire, les quakers s'efforcent de rendre la vie meilleure pour tous. Les quakers estiment que l'éducation est importante, et ils ont fondé un grand nombre d'excellentes écoles et universités. Les quakers estiment que la guerre est un mal. Ils pensent que les pays doivent trouver d'autres façons de régler leurs problèmes. Ils veulent que tous puissent vivre en paix. Ils pensent également que les personnes de toutes les races doivent être traitées comme des égaux. Un grand nombre de quakers ont tenté de rendre les prisons moins surpeuplées, moins sales et moins dangereuses. Les quakers se rassemblent une fois par mois, ou plus souvent, pour pratiquer leur culte. Parce qu'ils pensent que les personnes ordinaires peuvent recevoir le Saint-Esprit, les quakers n'ont ni prêtres, ni ministres du culte, ni prières standard ni offices religieux. Ils commencent par une période de silence. Ensuite, ils parlent de sujets qui les préoccupent. Ils règlent leurs problèmes en en débattant jusqu'à ce que tout le monde se mette d'accord sur ce qu'il convient de faire. Les quakers de plusieurs États se rassemblent une fois par année.

Une maison d'assemblée des quakers au début du XIXe siècle

Un membre prend la parole lors d'une assemblée de quakers à Philadelphie, au XIXe siècle.

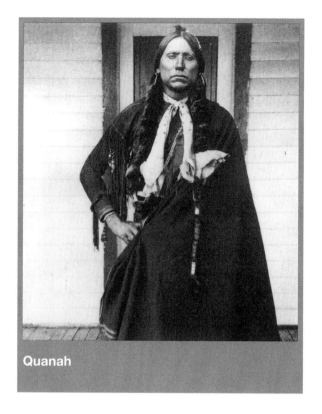

Quanah

Quanah

Quanah (1845–1911) était un chef des Indiens *Comanches*. Il a pris la tête de son peuple dans un combat contre les pionniers blancs. Les pionniers s'étaient établis dans le territoire des Autochtones au Texas et ils avaient tué un grand nombre de bisons, que les Autochtones mangeaient. Les Autochtones ont perdu la bataille, et Quanah s'est rendu à l'armée américaine en 1875.

Le chef et son peuple ont alors été déportés dans une *réserve*, c'est-à-dire des terres réservées aux Autochtones, près de Fort Sill, dans ce qui est aujourd'hui le sud-ouest de l'Oklahoma. Quanah a encouragé son peuple à s'instruire et à cultiver les terres.

Quanah est né près de la ville actuelle de Lubbock, au Texas. La ville de Quanah, au Texas, est nommée en son honneur.

Quartier

Un quartier de Paris, en France

Les quartiers sont des collectivités dans lesquelles les gens vivent près les uns des autres, particulièrement dans les villes. On appelle voisins de telles personnes. Votre voisin peut vivre dans la maison d'à côté, dans l'appartement de l'autre côté du couloir, ou dans la ferme au bout du chemin. La plupart des quartiers possèdent également des magasins et des entreprises, tels que des épiceries, des banques et des restaurants. Un quartier peut également posséder une église ou un temple, une école, un poste de police, une caserne de pompiers ou un hôpital.

Certains quartiers sont intéressants parce qu'un grand nombre de personnes qui y vivent sont originaires d'autres pays. Souvent, ils apportent différentes sortes d'aliments, de musique et de vêtements de leurs pays d'origine à leur nouveau quartier.

Quartz

Le quartz est un minéral dur qui luit comme le verre. On le trouve généralement dans les roches et dans le sable. Le quartz est une substance naturelle, et le quartz pur est incolore et transparent. Toutefois, le quartz peut être rose, vert, violet ou noir lorsqu'il contient de minuscules quantités de métaux ou d'autres substances.

Le quartz est utilisé à des fins multiples. Il permet d'envoyer des émissions de radio et des images de télévision d'un endroit à l'autre. Il aide également les montres et les horloges à marquer l'heure. Certaines industries utilisent le quartz pour fabriquer des récipients en verre parce qu'on peut le chauffer à très haute température puis le refroidir très rapidement, sans qu'il n'éclate. Le quartz transparent est également utilisé pour fabriquer des lentilles pour certains microscopes et télescopes.

Le quartz enfumé tire sa couleur de fumée de changements dans la pierre.

Les quatre filles du docteur March

Little Women (*Les quatre filles du docteur March*), un roman de l'écrivaine américaine Louisa May Alcott, est devenu l'une des œuvres les plus populaires de la littérature américaine pour enfants. Ce roman a été publié en deux parties, en 1868 et en 1869.

L'histoire du roman *Les quatre filles du docteur March* se déroule pendant la Guerre de Sécession (1861–1865). Le roman raconte l'histoire de la famille March, et particulièrement des quatre filles March : Amy, Beth, Jo et Meg. Les filles March vivent dans une petite ville du Massachusetts avec leur mère Marmee, pendant que leur père est aumônier pour les forces de l'Union pendant la guerre. Le personnage principal est Jo March, un garçon manqué qui veut devenir écrivaine. L'histoire, qui suit les filles depuis leur adolescence jusqu'à ce qu'elles atteignent l'âge adulte, décrit leurs nombreuses aventures et leurs luttes pour augmenter le faible revenu de leur famille.

Autres articles à lire : **Alcott, Louisa May**

Katharine Hepburn, Spring Byington, Jean Parker, Joan Bennett et Frances Dee jouent dans une version cinématographique des *Quatre filles du docteur March*.

4-H

4-H est un programme pédagogique qui aide les jeunes à développer de nouvelles compétences, à explorer des choix de carrière et à servir leur collectivité. Le mouvement 4-H est né aux États-Unis au début du XXe siècle. Aujourd'hui, de nombreux pays possèdent des programmes 4-H ou des programmes semblables.

Les 4-H représentent *la tête* (*head* en anglais), *le cœur* (*heart*), *les mains* (*hands*) et *la santé* (*health*) Ces mots sont tirés de la promesse du programme : « Je promets de penser clairement avec ma *tête*, de donner toute ma loyauté avec mon *cœur*, de donner un meilleur service avec mes *mains*, et de donner ma *santé* pour une vie meilleure, pour mon club, pour ma collectivité, pour mon pays et pour ma planète. »

Les membres travaillent à des projets et à des activités ayant trait à l'environnement, la santé et la sécurité, le leadership, la nutrition, les plantes et les animaux, la science et la technologie, et bien d'autres sujets.

Aux États-Unis, n'importe quel jeune de 9 à 19 ans peut devenir membre des 4-H. Au Canada, l'âge varie selon la province.

Compétition lors d'une foire des 4-H

4 juillet. Voir Jour de l'Indépendance.

Québec

Le Québec est la plus grande province du Canada. Elle se situe à l'est du pays et s'étend de la région arctique à la frontière des États-Unis.

Le Québec est différent du reste du Canada parce que la plus grande partie de ses habitants ont des ancêtres français. Certaines personnes ne parlent que le français. Les maisons et les immeubles de bureaux sont construits selon le style français. La plus grande partie des habitants du reste du Canada parlent l'anglais. La ville de Québec est la capitale de la province. C'est la plus ancienne ville canadienne.

Montréal est la plus grande ville de la province. Elle se situe sur une île dans la partie sud du Québec, à l'endroit où le fleuve Saint-Laurent rencontre la rivière des Outaouais. L'emplacement de Montréal en fait un des plus grands ports intérieurs au monde.

Géographie. La plus grande partie du Québec est recouverte d'une haute plaine rocheuse. Cette région est un milieu sauvage parsemé de forêts, de rivières et de lacs. Le nord de la province est recouvert d'immenses toundras, c'est-à-dire d'étendues plates où le sol reste gelé toute l'année et où les arbres ne poussent pas. Le sud du Québec est formé de plaines basses, où le sol est excellent pour l'agriculture. La plus grande partie de la population du Québec habite dans cette région.

Le Québec est bordé au nord-ouest par la baie d'Hudson et au sud-est par le golfe du Saint-Laurent. Le littoral découpé comprend un grand nombre de baies et d'anses — d'étroits bras de mer qui avancent à l'intérieur des terres.

Québec

Québec

Drapeau provincial

Sceau provincial

Saint-Irénée, au Québec

Québec, suite

Coup d'œil sur le Québec

Capitale provinciale : Québec, la capitale depuis 1867, et entre 1608 et 1841. Lorsqu'elle faisait partie de la Province du Canada, la région de Québec a eu plusieurs capitales.

Superficie : 594 860 mi² (1 540 680 km²), y compris 71 000 mi² (184 000 km²) d'eaux intérieures.

Population : 7 546 131 (recensement de 2006).

Admis dans le Dominion : le 1er juillet 1867, comme l'une des quatre premières provinces.

Abréviation de la province : QC (abréviation postale).

Devise : *Je me souviens* .

Villes les plus importantes : Montréal (1 620 693); Québec (491 142); Laval (368 709); Gatineau (242 124); Longueuil (229 330); Sherbrooke (147 427).

Premier ministre : mandat d'une durée maximale de 5 ans.

Membres de l'Assemblée nationale : 125; mandats d'une durée maximale de 5 ans.

Emblème floral Iris versicolore

Ressources et produits. Le Québec possède un grand nombre de ressources naturelles pour l'agriculture, le bûcheronnage, l'exploitation minière et l'industrie manufacturière. Le bon sol du sud du Québec est excellent pour la culture des légumes. Les porcs, les bovins à viande, les vaches laitières et les poulets sont également importants. Les usines de transformation des aliments fabriquent des produits laitiers, des produits de viandes, de la bière, des bonbons, ainsi que des fruits et des légumes en conserve.

Grâce à ses forêts, le Québec est un gros producteur de bois d'œuvre, qui est utilisé pour fabriquer du papier. Le sirop d'érable, tiré des érables, est un autre produit important.

On trouve aussi au Québec de nombreux minéraux, notamment le minerai de fer, le plomb, le zinc, l'amiante et l'or. Les usines du Québec utilisent ces minéraux pour fabriquer des produits chimiques, des avions et de l'aluminium.

Autres articles à lire : **Champlain, Samuel de; Hudson, Baie d'; Montréal; Québec; Saint-Laurent, Voie maritime du**

Dates importantes de l'histoire du Québec

Époque autochtone	Les Cris, les Inuits, les Naskapis et d'autres peuples autochtones vivaient dans le Québec actuel à l'arrivée des premiers Européens.
1534	L'explorateur français Jacques Cartier atteint le golfe du Saint-Laurent et prend possession de la région du Québec au nom de la France.
1608	Samuel de Champlain, un Français, fonde la ville de Québec, le premier établissement européen permanent au Canada.
1663	Le roi de France Louis XIV fait de la région du Québec une province royale.
1759	Les Britanniques prennent la ville de Québec lors de la guerre de Sept Ans.
1763	La Grande-Bretagne enlève à la France le contrôle du Québec.
1841	L'Acte d'Union unit le Haut-Canada et le Bas-Canada sous une même administration.
1867	Le Québec devient l'une des premières provinces constituant le Dominion du Canada.
1912	Le Québec double quasiment sa superficie en ajoutant un territoire à l'est de la baie d'Hudson.
1967	Expo 67, une exposition mondiale, a lieu à Montréal. Elle célèbre le centenaire du Canada (son 100e anniversaire).
1974	L'Assemblée nationale du Québec déclare que le français est la langue officielle de la province.
1976	Les Jeux olympiques d'été sont tenus à Montréal.
1995	Lors d'un référendum, les électeurs québécois rejettent de justesse une proposition selon laquelle le Québec deviendrait indépendant.
2003	Le politicien québécois Jean Chrétien démissionne de son poste de premier ministre du Canada, qu'il occupe depuis 10 ans.

Québec

La ville de Québec est la capitale de la province de Québec, au Canada. C'est la plus ancienne ville canadienne. Québec se situe à l'endroit où la rivière Saint-Charles se déverse dans le fleuve Saint-Laurent. C'est la capitale de la province depuis 1867.

Québec est la seule ville fortifiée (entourée d'un mur) en Amérique du Nord. Toutefois, la plus grande partie de cette magnifique ville se situe aujourd'hui à l'extérieur des murs. Québec conserve un grand nombre d'églises, des anciennes maisons en pierre et des rues étroites revêtues de pavés arrondis. Un fort historique, la Citadelle, est l'endroit le plus célèbre de Québec. Il se situe sur un point élevé surplombant la ville.

La plupart des habitants de Québec sont des Canadiens français. En conséquence, les pancartes dans la ville sont rédigées en français, mais certaines le sont également en anglais.

Le Château Frontenac est un vieil hôtel charmant dans la ville de Québec.

Queue

La queue est la partie du corps d'un animal qui dépasse de la partie postérieure de son corps. Chez les animaux pourvus d'une colonne vertébrale, la queue dépasse du bassin, là où se rencontrent la colonne vertébrale et les os des hanches. Le mot *queue* signifie à la fois la partie charnue et tout ce qui la recouvre ou la prolonge, par exemple la fourrure, les plumes ou les nageoires.

Les animaux utilisent leur queue de nombreuses façons. La queue de la plupart des animaux aquatiques aident les animaux à se déplacer et à se diriger. Les écureuils utilisent leur queue pour garder leur équilibre lorsqu'ils sautent et qu'ils grimpent. Les kangourous utilisent leur queue pour se tenir debout. Les singes-araignées et les opossums s'accrochent aux branches des arbres avec leur queue.

Le singe-araignée peut utiliser sa longue queue mince pour agripper des branches et s'y retenir.

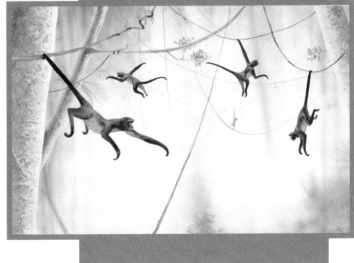

Quilles

Le jeu de quilles est l'un des sports d'intérieur les plus anciens et les plus populaires. Les anciens Égyptiens jouaient à une première forme de quilles, et le jeu de quilles moderne remonte à l'Allemagne du Moyen-Âge. En Angleterre, on commence à jouer à ce jeu dès les années 1100. Aujourd'hui, les joueurs lancent des boules le long de pistes en bois pour faire tomber 10 quilles en bois. Les quilles sont disposées en triangle à la fin de la longue piste. Les joueurs reçoivent des points lorsqu'ils font tomber des quilles. À la fin de la partie, le joueur qui a accumulé le plus de points gagne.

La plupart des boules de quilles sont faites en caoutchouc dur. Elles sont un peu plus petites qu'un ballon de basketball, et leur poids se situe entre 2,7 et 7,3 kilogrammes (6 à 16 livres). La plupart des boules ont trois trous : le pouce est inséré dans l'un d'entre eux, et le majeur et l'annulaire dans les deux autres.

Le jeu de quilles est facile à apprendre, mais il faut s'entraîner pour y devenir compétent. Le joueur vise les quilles ou un point sur la piste qui l'aide à bien viser. Il fait quelques pas en donnant de l'élan à sa boule avant

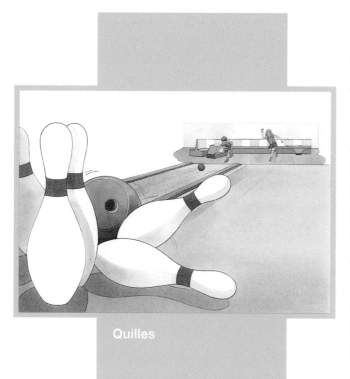

Quilles

Les étapes lorsqu'on lance une boule de jeu de quilles

de la lancer. Le joueur ne doit pas traverser la ligne de faute, là où commence la piste de quilles.

Chaque tour au jeu de quilles s'appelle un jeu. Une partie de quilles compte 10 jeux. À chaque jeu, le joueur lance deux boules, sauf en cas d'abat. Un abat consiste à faire tomber les 10 quilles avec la première boule. Un abat compte pour 10 points, plus le nombre total de quilles que fait tomber le joueur avec les deux prochaines boules qu'il lance. Un joueur obtient une réserve s'il fait tomber toutes les quilles avec la deuxième boule d'un jeu. Lors d'une réserve, le joueur marque également des points pour le nombre de quilles qu'il fait tomber avec la première boule du jeu suivant. Lorsqu'un joueur n'obtient ni abat ni réserve, seules les quilles qu'il fait tomber comptent pour des points. Les boules mal visées roulent dans des canaux peu profonds appelées dalots, de chaque côté de la piste. Aucun point n'est accordé si la boule roule dans le dalot.

Un joueur doit obtenir 12 abats consécutifs pour compter 300 points, un score parfait. Cela comprend un abat pour chacun des 10 jeux, plus un abat pour chacun des deux jeux bonus obtenus par le joueur s'il obtient un abat dans le dernier jeu.

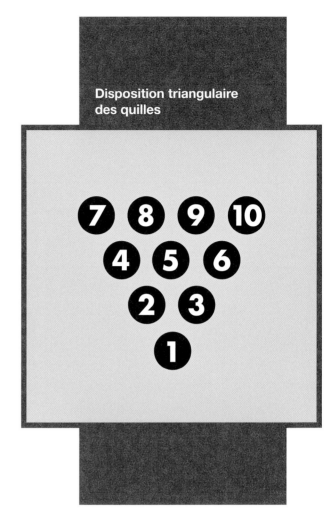

Disposition triangulaire des quilles

Quinceañera

Quinceañera est une célébration réservée aux jeunes filles autour de leur 15ᵉ anniversaire de naissance. Elle est célébrée dans plusieurs pays d'Amérique latine, y compris la Colombie, Cuba, l'Équateur, le Guatemala, le Mexique et le Pérou. Elle est également célébrée à Porto Rico et dans les collectivités hispaniques des États-Unis. Le mot *quinceañera* provient des mots espagnols qui signifient *quinze ans.*

Les coutumes de la quinceañera varient selon le pays. Les célébrations peuvent comprendre des activités religieuses et des activités non religieuses. La plupart des familles ont une cérémonie religieuse à l'église. Pendant cette cérémonie, la jeune fille est habituellement vêtue d'une robe blanche. Elle reçoit des cadeaux symboliques, tels qu'une Bible et des bijoux, de ses parents, de sa famille et de ses amis. Un banquet ou une réception suit généralement la cérémonie religieuse. Lors de la célébration, la jeune fille et son père dansent parfois une valse d'honneur ou une autre danse formelle ensemble. Ces rituels et ces cadeaux indiquent que la jeune fille est désormais une adulte.

Deux jeunes filles célébrant leur quinceañera

R r

est la dix-huitième lettre de l'alphabet français.

Les lettres manuscrites diffèrent d'une personne à l'autre. Les lettres manuscrites (qui ressemblent à des caractères d'imprimerie), à gauche, se composent de courbes simples et de lignes droites. Les lettres cursives, à droite, ont des lignes plus courbées.

Le r minuscule s'est développé à partir de l'écriture romaine au IIIe siècle. Les moines qui copiaient des manuscrits ont changé la forme de la lettre. Vers l'an 1500, elle avait sa forme actuelle.

| An 200 | 1500 | Aujourd'hui |

Façons particulières de représenter la lettre R

| Alphabet en langage gestuel | Braille | Code international des drapeaux |

Évolution de la lettre R

Les anciens Égyptiens	The Semites	Les Phéniciens	Les Grecs	Les Romains
				R
vers 3000 av. J.-C., ont dessiné ce symbole représentant une tête humaine.	vers 1500 av. J.-C., ont simplifié le symbole égyptien. Ils ont donné à cette lettre le nom de *resh*, le mot signifiant tête dans leur langue.	vers 1000 av. J.-C., ont modifié le symbole et en ont fait un triangle muni d'une queue.	vers 600 av. J.-C., traçaient une lettre semblable au P. Ils donnaient à cette lettre le nom de *rho*.	ont donné à la lettre R sa forme actuelle vers l'an 114.

Racine

La racine est l'une des trois parties principales d'une plante. Les deux autres parties sont la tige et les feuilles. La plupart des racines sont longues et poussent sous le sol. Elles retiennent les plantes dans le sol, et elles absorbent l'eau et les minéraux dont la plante a besoin pour pousser. De nombreuses sortes de plantes possèdent des racines qui stockent également de la nourriture que la plante pourra utiliser plus tard.

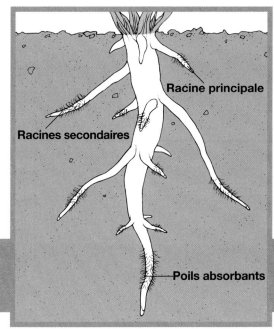

Parties principales du système racinaire

Racine principale

Racines secondaires

Poils absorbants

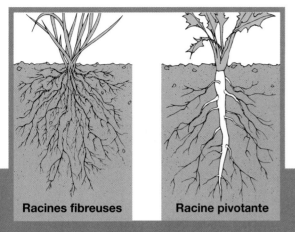

Racines fibreuses   Racine pivotante

Sortes de racines

Une grosse racine principale qui pousse droit vers le bas est une racine pivotante. Certaines racines pivotantes, telles que les carottes, les betteraves, les patates douces et les ignames, sont bonnes à manger. Certaines plantes, telles que l'herbe, ont un système racinaire fibreux. Dans un tel système racinaire, des racines fines poussent dans toutes les directions sous le sol.

Radar

Le radar est une façon d'utiliser des ondes d'énergie pour repérer des objets. Le radar permet également de détecter la distance d'un objet, sa grosseur et la vitesse à laquelle il se déplace. Le radar peut fonctionner dans le noir, dans un épais brouillard, sous la pluie ou dans la neige.

Le radar est utilisé à de nombreuses fins. Les pilotes utilisent le radar pour faire atterrir leur avion en toute sécurité dans des aéroports très fréquentés. En mer, par mauvais temps, les capitaines de bateaux utilisent le radar pour trouver leur chemin. Les États-Unis, le Canada et de nombreux autres pays utilisent le radar comme méthode de surveillance pour détecter des attaques surprise d'avions ou de missiles ennemis. Les spécialistes des prévisions météorologiques utilisent le radar pour suivre le parcours des tempêtes. Les scientifiques utilisent le radar pour étudier les autres planètes et leurs satellites.

Les contrôleurs aériens utilisent le radar pour faire atterrir les avions sans danger.

La plupart des appareils de radar fonctionnent en envoyant une forme d'énergie, les ondes radio, en direction d'un objet. Ces ondes sont reflétées par l'objet et reviennent à l'appareil de radar. Le temps que mettent les ondes pour revenir à leur point de départ indique la distance jusqu'à l'objet. La direction d'où proviennent les ondes indique la position de l'objet.

Un appareil de radar contient un transmetteur, la partie qui produit les ondes radio. L'antenne de l'appareil de radar envoie les ondes. L'antenne recueille alors les ondes qui sont reflétées par un objet. Un récepteur les affiche sur un écran qui ressemble à un téléviseur. L'écran montre les ondes sous la forme de points de lumière ou sous la forme d'un objet.

Le radar aide les policiers à arrêter les personnes qui font des excès de vitesse. L'antenne radar sur la voiture de police transmet des ondes radio. Lorsque ces ondes entrent en contact avec une voiture qui passe, elles sont réfléchies vers le radar.

Radio

Le terme radio a deux significations. La radio est la transmission de sons dans l'air de façon électronique, sans fils reliant la source et la destination. La radio est également l'appareil qui envoie ou qui reçoit les sons.

Transmission et réception du son

Nous utilisons la radio tous les jours pour écouter de la musique, les nouvelles et d'autres sortes d'émissions appelées émissions radiophoniques. Nous nous réveillons au son d'émissions radiophoniques sur nos radios-réveils. Nous écoutons des émissions radiophoniques dans la voiture. Beaucoup de personnes écoutent de petites radios portatives munies de casques d'écoute lorsqu'elles font de l'exercice.

Les émissions radiophoniques sont transmises par les stations de radio. Chaque pays possède au moins une station de radio.

La radio est également utilisée à de nombreuses autres fins. La radio est utilisée pour transmettre des informations aux ordinateurs à bord des astronefs. Les espions utilisent des appareils dissimulés appelés dispositifs d'écoute clandestine pour écouter des conversations. De nombreuses personnes emploient

Un soldat utilise une radio pour transmettre et recevoir rapidement des informations.

Radio

Un reporter pour la radio interviewe d'un spectateur pendant sa couverture du Tour de France, une course de cyclisme.

Un plaisancier utilise une radio bidirectionnelle pour transmettre et pour recevoir des informations.

des radios bidirectionnelles pour se parler. Par exemple, les pilotes d'avion, les pompiers, les policiers et les marins emploient des radios bidirectionnelles pour obtenir et pour transmettre rapidement des informations.

La radio fonctionne en transformant les sons ou d'autres signaux en ondes radio. Ces ondes sont invisibles. Elles se déplacent dans l'air et dans l'espace. Elles traversent également des objets solides tels que les murs. Lorsque les ondes radio sont reçues par une radio, elles sont à nouveau transformées en sons.

Beaucoup de personnes ont contribué à la création de la radio. Toutefois, un inventeur italien nommé *Guglielmo Marconi* a été le premier à transmettre des signaux radio, ce qu'il a fait en 1895.

Parties d'une radio

Une radio peut être branchée dans une prise électrique, ou être alimentée par des piles. Les parties principales d'une radio sont l'antenne, le syntoniseur et le haut-parleur.

L'antenne est un morceau de fil métallique ou de métal. L'antenne peut capter les ondes radio. L'antenne peut être à l'intérieur de la radio, ou elle peut être partiellement à l'extérieur, mais reliée à celle-ci. Par exemple, l'antenne d'une radio de voiture est à l'extérieur de la radio. Lorsque les ondes radio entrent en contact avec l'antenne, elles y créent des ondes électriques faibles. L'antenne reçoit des ondes radio de plusieurs stations à la fois. Il faut « syntoniser » la station que l'on veut entendre.

Le syntoniseur de la radio lui permet de capter les signaux de stations de radio individuelles. Différentes stations de radio émettent différents signaux électriques, appelés *fréquences*. L'utilisation de fréquences empêche chaque station de nuire aux émissions radiophoniques des autres stations.

Le haut-parleur de la radio transforme les signaux électriques émis par la station afin qu'ils redeviennent les sons diffusés à l'origine. Par exemple, le son d'une chanson qui passe dans une station de radio est le même que le son de cette chanson sur votre radio.

Autres articles à lire : **Télécommande; Téléphone cellulaire; Marconi, Guglielmo; Radar; Vagues**

Radis

Les radis sont des plantes aux racines croquantes à la saveur piquante. Ces racines se mangent crues.

Certains radis sont ronds, d'autres sont ovales, et d'autres encore sont longs et pointus. Ils peuvent être rouges, blancs, jaunes, violets, noirs ou un mélange de rouge et de blanc. Les radis peuvent peser moins de 28 grammes (1 once) ou plus d'un kilogramme (2 livres).

Les radis préfèrent les climats frais. La Floride, la Californie et l'Ohio cultivent la majeure partie des radis vendus dans les magasins aux États-Unis.

Certaines espèces de radis

Rage

La rage est une maladie grave qui détruit les tissus du cerveau. Elle est causée par un minuscule être vivant appelé *virus.* Les êtres humains et d'autres animaux peuvent être victimes de la rage.

Une personne attrape généralement la rage d'un animal, tel qu'un chien, un chat ou un raton-laveur. De tels animaux peuvent porter le virus de la rage dans leur *salive,* un liquide gluant produit dans la bouche. Si l'animal mord quelqu'un, cette personne peut attraper la rage. Une personne peut également attraper la rage en respirant l'air des cavernes où vivent des chauves-souris. Les chauves-souris peuvent porter le virus de la rage.

En général, une personne infectée a mal à la tête et elle a des difficultés à avaler. On peut mourir de la rage si on ne reçoit pas rapidement un traitement. Les médecins donnent un *vaccin* aux personnes mordues par un animal infecté afin qu'elles ne tombent pas malades.

Autres articles à lire : **Virus**

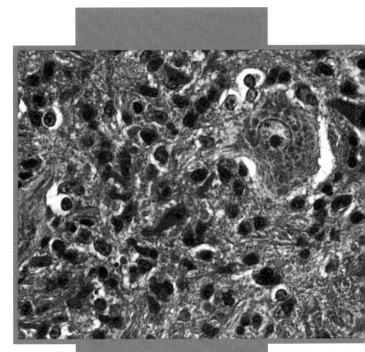

Virus de la rage

Raie

Les raies sont une espèce de poisson apparentée de près au requin. La plupart des raies ont un corps aplati, qui a un peu la forme d'une galette. Les requins et les raies ont tous deux un squelette composé de *cartilage*. Le cartilage est résistant et caoutchouteux, comme le bout du nez. La plupart des autres espèces de poissons ont un squelette composé d'os et non de cartilage.

Il existe des centaines d'espèces de raies : l'aigle de mer, la torpille, la raie guitare, la mante atlantique, le poisson-scie, la raie, la pastenague et bien d'autres. Certaines espèces de raies possèdent des nageoires latérales qui ressemblent à de grandes ailes. La raie guitare et le poisson-scie sont deux espèces de raies qui n'ont pas la forme d'une galette. Elles ressemblent davantage à des requins, avec leur corps allongé en forme de torpille.

La plupart des raies vivent dans le fond de l'océan. Elles se nourrissent des créatures qui y vivent, notamment les palourdes, les huîtres, les mollusques et certains poissons. Une espèce de raie, la mante atlantique, vit à la surface de l'océan. Les mantes atlantiques se nourrissent de petits animaux marins et de minuscules êtres vivants appelés *plancton* qui poussent près de la surface.

Comme les requins, les raies possèdent des ouvertures en forme de fente dans leur corps, qu'on appelle *fentes brachiales*. Les fentes brachiales mènent aux branchies, qui permettent au poisson de respirer. On peut distinguer une raie d'un requin en regardant la position des fentes brachiales. Chez le requin, les fentes brachiales sont situées sur les côtés de la tête, mais chez la raie, elles sont situées sous ses nageoires latérales.

La façon dont les raies donnent naissance à leurs petits est différente de celle des autres poissons. La plupart des poissons pondent des œufs qui éclosent plus tard. Toutefois, les œufs de la plupart des espèces de raies éclosent à l'intérieur du corps de la femelle. La mère donne alors naissance à des petits vivants. Seule une sorte de raie, le pocheteau, pond des œufs qui éclosent plus tard.

Autres articles à lire : **Poissons; Requin**

Petite raie

Raisin

Les raisins sont des baies juteuses qui poussent sur des vignes ligneuses. Les raisins poussent en grappes qui peuvent contenir entre 6 et 300 baies. Les raisins ont une peau lisse qui peut être noire, bleue, dorée, verte, violette, rouge ou même blanche. Les raisins ont une teneur en sucre élevée, ce qui en fait une bonne source d'énergie.

La majeure partie des raisins sont utilisés pour faire du vin. Certains raisins, qu'on appelle raisins de table, sont mangés frais. Les raisins peuvent également être séchés, transformés en jus ou en gelée, ou mis en conserves avec d'autres fruits.

Les peintures dans les tombeaux des anciens Égyptiens montrent que le raisin est cultivé depuis au moins 4 400 ans. Aujourd'hui, la plus grande partie des raisins sont cultivés en Europe, particulièrement en France, en Italie et en Espagne. La Californie produit la presque totalité du raisin cultivé aux États-Unis.

Raisins

Raleigh, Sir Walter

Sir Walter Raleigh (1552?–1618) était un soldat, un explorateur et un écrivain anglais célèbre. Sir Walter Raleigh est né dans le Devonshire, en Angleterre. En 1580, il est devenu capitaine dans l'armée. Il s'est rendu à la cour de la reine Élisabeth Ière, et il est devenu le favori de la reine. La reine lui a donné la permission de fonder des colonies en Amérique.

Raleigh a envoyé des explorateurs en Amérique. En 1587, il a fondé une colonie sur l'île de Roanoke, dans le territoire de la Caroline du Nord actuelle. Raleigh a aidé les Britanniques à vaincre les Espagnols lors d'une grande bataille navale en 1588.

Après la mort d'Élisabeth, Jacques Ier est devenu roi. Celui-ci craignait Raleigh, et il l'a fait emprisonner. En prison, Walter Raleigh a écrit son *History of the World* (*Histoire du Monde*). Il a été libéré et envoyé en Amérique du Sud pour y chercher de l'or. Toutefois, il a désobéi aux ordres du roi, et il a été exécuté.

Sir Walter Raleigh

Ramadan

Le Ramadan est un mois sacré dans la religion islamique. Les personnes qui pratiquent l'Islam sont des musulmans. Ils célèbrent le Ramadan comme le mois au cours duquel le prophète Mahomet a reçu des messages de Dieu.

Pendant le mois du Ramadan, les musulmans ne mangent et ne boivent rien depuis le lever jusqu'au coucher du soleil. Cela s'appelle le jeûne. Ils prennent un repas léger avant la prière du soir. Tous les musulmans jeûnent pendant le mois du Ramadan, sauf les enfants, les personnes âgées ou malades, les femmes enceintes et les voyageurs.

Le Ramadan est le neuvième mois de l'année islamique. Le calendrier islamique étant basé sur la Lune, le Ramadan tombe à différentes périodes dans l'année civile. Une grande fête a lieu à la fin du Ramadan.

Une famille irakienne prend un repas après le coucher du soleil, pendant le Ramadan, le mois sacré des musulmans.

Ramsès II

Ramsès II était un *pharaon* (roi) égyptien célèbre qui a vécu il y a environ 3 300 ans. Il a régné sur l'Égypte avec son père, Séthi Ier, pendant quelque temps avant de régner seul.

Lorsqu'il est devenu pharaon, Ramsès a lutté pour empêcher les Hittites de s'emparer de la Syrie. Toutefois, des années plus tard, lui et le roi hittite ont convenu de diviser la Syrie entre eux.

Ramsès a alors entrepris un immense programme de construction. Il a bâti une nouvelle capitale, il a achevé la grande salle du temple d'Amon-Rê à Karnak, et il a construit plusieurs autres temples.

Ramsès II est probablement le pharaon mentionné dans la Bible, dans le livre de l'Exode. Sa momie se trouve dans le musée égyptien du Caire.

Statues de Ramsès II devant le temple d'Abou Simbel, en Égypte.

Randolph, A. Philip

A. Philip Randolph (1889–1979) était un chef dans la lutte des Afro-Américains pour obtenir leurs droits. Il a également travaillé avec acharnement à la cause du syndicalisme aux États-Unis. Le syndicalisme luttait pour que les travailleurs bénéficient de droits.

Asa Philip Randolph est né à Crescent City, en Floride. Il s'est établi à New York, où il a fréquenté l'université le soir. Randolph pensait que les groupes de travailleurs appelés *syndicats* offraient aux Afro-Américains la meilleure chance d'obtenir un salaire équitable. Il a fondé un syndicat de porteurs, des employés qui travaillent sur les trains de passagers.

En 1941, Randolph a menacé de marcher sur Washington, D.C., afin de revendiquer des emplois pour les Afro-Américains. C'était une des raisons pour lesquelles le président Franklin D. Roosevelt a créé le Fair Employment Practices Committee (Comité pour l'égalité des chances dans l'emploi). A. Philip Randolph s'est vu décerner la médaille Spingarn en 1942. Cette médaille est décernée à des Afro-Américains pour leurs réalisations exceptionnelles.

A. Philip Randolph

Randonnée pédestre

Une randonnée pédestre est une longue marche en plein air. La randonnée est une excellente façon de faire de l'exercice et aussi de s'amuser.

La marche pour le plaisir est la forme fondamentale de la randonnée. On peut faire une randonnée de quelques heures dans les parcs ou les forêts, ou même sur les trottoirs de la ville. Les excursions pédestres sont l'une des formes de randonnée les plus populaires. Les grands randonneurs pédestres peuvent passer des jours ou même des semaines dans les régions sauvages d'un parc national. Ils transportent de l'eau, de la nourriture, des vêtements, des sacs de couchage et tout ce dont ils ont besoin dans des sacs qu'ils portent sur le dos.

Randonnée pédestre

Pour la plupart des randonnées, les gens n'ont besoin que de vêtements appropriés à la température, y compris des chaussures confortables ou des bottines légères. Beaucoup d'organismes, y compris les scouts et les éclaireuses, fournissent des informations à l'intention des randonneurs.

Rap. Voir Musique rap.

Raphaël

Raphaël (1483–1520) était l'un des plus grands peintres de la Renaissance italienne. Ses personnages gracieux et ses compositions habiles ont influencé les artistes jusqu'au début du XXe siècle.

Raphaël a peint des retables, des *fresques* (tableaux peints sur du plâtre humide) représentant des scènes historiques ou mythologiques, et des portraits. Parmi ses œuvres les plus populaires on trouve ses tableaux de la Madone à l'enfant. Raphaël était également architecte. De 1514 jusqu'à sa mort, il a dirigé la construction de la Basilique Saint-Pierre de Rome.

On peut considérer que la réalisation la plus importante de Raphaël est la série de fresques qui décorent les appartements privés du pape dans le Vatican. Raphaël a peint plusieurs de ces fresques dans une pièce appelée Stanza della Segnatura. Le célèbre tableau *L'École d'Athènes,* qui représente une assemblée de philosophes et de scientifiques de la Grèce antique, recouvre un des murs de cette pièce.

Raphaël est né à Urbino le 28 mars ou le 6 avril 1483. Son vrai nom était Raffaello Sanzio. Il est mort le 6 avril 1520.

L'École d'Athènes, de Raphaël

Rat

Les rats sont des mammifères couverts de fourrure qui ressemblent à de grosses souris. Les rats et les souris appartiennent tous deux à la famille des rongeurs. Il existe environ 120 espèces de rats. Deux espèces, le rat brun et le rat noir, vivent dans toutes les régions de la planète.

Les rats ont des queues couvertes d'écailles, des dents de devant pour ronger, et de longues griffes acérées. Les rats noirs et les rats bruns vivent en groupes nombreux, et ils mangent pratiquement n'importe quoi. On peut trouver le rat noir dans les bâtiments ou dans des arbres. Le rat brun vit sous les planchers ou dans le sol. La femelle du rat donne naissance à entre trois et six portées par années.

Les rats noirs et les rats bruns transportent des microbes et propagent les maladies. Toutefois, des rats apprivoisés, particulièrement le rat blanc, sont utilisés pour faire des recherches sur les maladies, le comportement et l'effet des médicaments.

Autres articles à lire : **Souris**

Les scientifiques utilisent des rats blancs lors de leurs études de recherche. Un chercheur pèse un rat auquel on a donné un nouveau médicament.

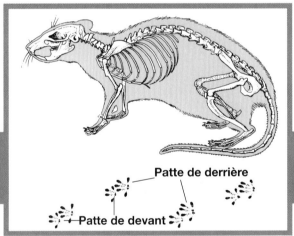

Empreintes de rat

Patte de derrière

Patte de devant

Rat musqué

Les rats musqués sont des animaux qui vivent près des ruisseaux, des étangs et des rivières. Ils sont nommés ainsi en raison de l'odeur musquée qu'ils émettent pendant la période de reproduction. On trouve des rats musqués dans de nombreuses régions de l'Amérique du Nord ainsi que dans certaines régions européennes.

Les rats musqués sont bien adaptés à la vie aquatique. Ils utilisent leur queue plate pour les aider à nager et à se diriger. Leurs pattes de derrière sont bordées de poils raides, semblables à une toile. Les rats musqués peuvent

Rat musqué

atteindre une longueur de 66 centimètres (26 pouces), queue comprise.

Les rats musqués vivent dans des terriers qu'ils creusent dans les rives des ruisseaux. Ils construisent également des maisons pour l'hiver. Ils emploient de la boue pour coller ensemble des quenouilles, des roseaux et d'autres plantes. Les rats musqués se nourrissent principalement de plantes, mais ils mangent également des palourdes, des écrevisses et des escargots. Les visons, les ratons-laveurs, les coyotes, les hiboux, les faucons et les alligators chassent les rats musqués.

Ratel

On trouve les ratels en Arabie saoudite, en Inde, au Népal et dans de nombreuses régions de l'Afrique. Ils ont une fourrure blanche ou grise sur le dessus du corps et une fourrure noire sur le ventre. Leurs longues griffes et leur épaisse peau lâche les protègent des morsures et des piqûres. Les ratels projettent un liquide à l'odeur désagréable que leurs ennemis n'aiment pas. Ils possèdent également de longues griffes.

Les ratels vivent dans des terriers ou dans des endroits rocheux, des bûches ou des arbres. Ils se déplacent seuls ou deux par deux. Ils se nourrissent de miel, d'insectes, de petits mammifères, de lézards et de serpents. Ils se nourrissent également de plantes, de racines et de fruits.

Des oiseaux que l'on appelle indicateurs mange-miel mènent souvent les ratels aux ruches. Le ratel peut alors ouvrir la ruche avec ses griffes, et les deux animaux mangent le miel.

Ratel

Raton-laveur

Les ratons-laveurs sont des animaux à la queue touffue et entourée d'anneaux. Ils ont une bande de fourrure noire autour des yeux qui ressemble à un masque. On trouve les ratons-laveurs en Amérique du Nord et en Amérique du Sud.

Le raton-laveur a environ la taille d'un petit chien. Il a le museau pointu et la fourrure principalement grise. La plupart des ratons-laveurs ont la queue entourée de cinq à sept anneaux foncés.

Les ratons-laveurs vivent sur le sol et dans les arbres. Ils sont de bons nageurs. Ils se nourrissent de petits animaux, de céréales, de fruits et de graines. Les ratons-laveurs cherchent généralement leur nourriture pendant la nuit, et ils restent dans leur terrier pendant le jour.

Certaines personnes ont des ratons-laveurs comme animaux de compagnie. Les ratons-laveurs peuvent être dressés, mais les adultes peuvent mordre et griffer.

Raton-laveur

Rayonne

La rayonne est une fibre utilisée pour confectionner des étoffes. Elle est faite de *cellulose*, une matière provenant de la pâte de bois ou du coton. On trouve la cellulose dans un grand nombre de plantes.

La cellulose est traitée avec des produits chimiques pour la transformer en liquide. Elle coule alors au travers de petits orifices dans des pièces appelées filières pour former des fils liquides extrêmement minces. Les fils passent dans des produits chimiques pour durcir. Les fils durcis sont alors tordus ensemble pour faire du fil de rayonne, qui est tissé pour confectionner des étoffes.

Certaines sortes de rayonnes deviennent moins résistantes lorsqu'elles sont mouillées. Elles redeviennent résistantes lorsqu'elles sèchent. La rayonne est facile à teindre, et elle peut être transformée en tissus qui ressemblent au coton, à la laine ou à la soie.

Femme travaillant avec de la rayonne dans une usine de textiles

Rayonnement

Le rayonnement, ou radiation, est une énergie émise sous forme d'ondes ou de minuscules particules de matière. Il existe différentes sortes de rayonnement. Celle avec laquelle nous sommes familiarisés est la lumière que nous pouvons voir, telle que la lumière émise par le soleil ou une lampe de poche. Une autre sorte de rayonnement comprend de minuscules particules émises par des éléments tels que l'uranium. D'autres exemples de rayonnement comprennent la chaleur d'un foyer, les signaux radio qui produisent de la musique, et les micro-ondes qui cuisent nos aliments.

Il existe deux types principaux de rayonnement. Le premier type est appelé *rayonnement électromagnétique.* Il n'est constitué que d'énergie. La lumière, la chaleur et les rayons X sont tous des exemples de rayonnement électromagnétique. Le deuxième est appelé *rayonnement corpusculaire.* Il est formé de minuscules particules de matière. Les électrons et les protons, deux particules qu'on trouve dans les atomes, composent certaines formes de rayonnement corpusculaire.

Certaines formes de rayonnement électromagnétique sont émises par des matériaux qui ont été chauffés. Par exemple, l'énergie produite dans les profondeurs du soleil chauffe sa couche externe. Les gaz chauds qu'on y trouve luisent, émettant de la lumière, de la chaleur, et d'autres formes de rayonnement.

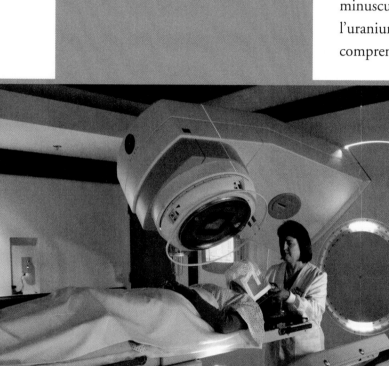

Radiothérapie

Le rayonnement corpusculaire provient de matériaux *radioactifs*. Ces matériaux émettent un rayonnement en raison de changements dans leurs atomes.

Le rayonnement peut être utilisé à plusieurs fins. Les médecins utilisent les rayons X pour trouver les os cassés et d'autres problèmes dans le corps. Le secteur de l'alimentation utilise de faibles doses de rayonnement pour tuer les bactéries dans certains aliments.

Les centrales nucléaires obtiennent de l'énergie de la *fission nucléaire*. La fission nucléaire est l'action de séparer le *noyau* d'un atome (son centre). La fission libère d'énormes quantités de rayonnement. Une partie de ce rayonnement produit de la chaleur. La chaleur est utilisée pour transformer l'eau en vapeur. Cette vapeur fait alors tourner une machine appelée *turbine*, qui produit de l'électricité.

Toute la vie qui existe sur la terre dépend du rayonnement. Toutefois, certaines formes de rayonnement peuvent être dangereuses. La lumière du soleil aide les plantes à pousser et réchauffe la terre. Toutefois, elle cause également des coups de soleil et le cancer de la peau. Les centrales nucléaires produisent de l'électricité, mais elles créent également des déchets radioactifs qui peuvent tuer des êtres vivants.

Le rayonnement peut endommager les cellules du corps. Il peut faire en sorte que les cellules deviennent anormales ou meurent. Les *doses* (quantités) de rayonnement reçues tous les jours sont trop petites pour causer des dommages importants. Toutefois, une accumulation de petites doses peut entraîner le cancer ou des anomalies congénitales.

La façon dont les scientifiques comprennent le rayonnement a évolué au fil des années. En 1864, le scientifique britannique James Clerk Maxwell a découvert que la lumière était une forme de rayonnement électromagnétique. Plus tard, les scientifiques ont découvert d'autres formes de rayonnement électromagnétique. Au cours des années 1890, la radioactivité naturelle a été découverte par les scientifiques français Antoine Henri Becquerel, Marie Curie et Pierre Curie.

Autres articles à lire : **Curie, Marie Skłodowska; Curie, Pierre; Énergie nucléaire; Lumière**

Rayons infrarouges

Les rayons infrarouges sont une forme d'énergie invisible. On les appelle également *rayons calorifiques* ou *rayonnement thermique.* Un objet chaud *émet* des rayons infrarouges en raison de sa chaleur.

Lorsque la température d'un objet augmente, celui-ci émet davantage de rayons infrarouges. Si la température devient très élevée, l'objet émet des rayons de lumière visible en plus des rayons infrarouges.

L'astronome britannique Sir William Herschel a découvert les rayons infrarouges en 1800. Il a séparé la lumière du soleil à l'aide d'un *prisme.* Un prisme est un objet qui sépare la lumière blanche en *spectre,* c'est-à-dire un arc-en-ciel de couleurs. À l'aide d'un thermomètre, William Herschel a mesuré la température à différents points du spectre. Il a noté que la température était élevée même au-delà de l'extrémité rouge du spectre, là où il n'y avait aucune lumière visible. Il a réalisé que cette chaleur provenait de rayons invisibles.

Autres articles à lire : **Chaleur; Prisme**

Cette prise de vue en infrarouge indique les endroits où la chaleur s'échappe d'une maison.

Rayons ultraviolets

Les rayons ultraviolets sont une forme de lumière. Bien qu'ils soient invisibles, ces rayons peuvent faire bronzer la peau et causer des coups de soleil. Les rayons ultraviolets proviennent du soleil.

Les rayons ultraviolets peuvent être dangereux. On peut avoir un coup de soleil douloureux si la peau est exposée à trop de rayons ultraviolets. Un écran solaire aide à protéger la peau contre les rayons ultraviolets. De bonnes lunettes de soleil aident également à protéger les yeux.

Le port d'un écran solaire protège la peau contre les rayons ultraviolets.

Toutefois, lorsqu'on les utilise sagement, les rayons ultraviolets peuvent être utiles aux êtres humains. Ils peuvent tuer des germes qui causent des maladies. Les rayons ultraviolets produisent également de la vitamine D dans le corps. Des lampes qui émettent des rayons ultraviolets sont utilisées pour traiter certains troubles de la peau. Les scientifiques étudient les rayons ultraviolets provenant d'étoiles éloignées pour en apprendre davantage sur l'univers.

Rayons X

Les rayons X sont l'une des formes d'énergie les plus utiles. Les médecins utilisent les rayons X pour produire des images spéciales, appelées radiographies, des os et des organes du corps. Ces radiographies permettent aux médecins de voir les fractures, les maladies pulmonaires ou d'autres problèmes sans devoir pratiquer d'incision dans le corps. Les médecins prennent des radiographies afin de trouver de minuscules caries dans les dents d'une personne ou pour examiner l'apparence des parties des dents qui se trouvent sous les gencives. La prise d'une radiographie est indolore et ne prend que quelques secondes.

Les rayons X ont été découverts en 1895 par Wilhelm C. Roentgen, un scientifique allemand. Ils constituent une forme d'énergie appelée rayonnement électromagnétique. Les rayons X sont invisibles.

Raz-de-marée. Voir Tsunami.

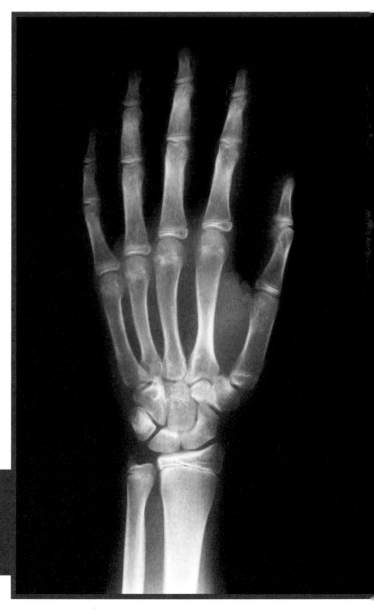

La radiographie d'une main montre les os de la main.

Reagan, Ronald Wilson

Ronald Wilson Reagan (1911–2004) est devenu le quarantième président des États-Unis en 1981. Avant d'entrer en politique, il avait été acteur pendant près de 30 ans.

Reagan est né le 6 février 1911 à Tampico, en Illinois. Il est devenu commentateur sportif. Lors d'un voyage en Californie, il a été embauché comme acteur. Il a joué au cinéma et à la télévision.

En 1966, Ronald Reagan a été élu gouverneur de la Californie. En 1980, il s'est présenté comme candidat républicain à la présidence, contre le président Jimmy Carter. Reagan a remporté l'élection.

Ronald Wilson Reagan

Pendant son premier mandat, Ronald Reagan souhaite réduire les impôts et allouer plus d'argent à la défense. Le Congrès a adopté la plupart de ses programmes. Toutefois, en 1981, des entreprises ont fait faillite et de nombreuses personnes ont perdu leur emploi. Le gouvernement dépensait beaucoup plus d'argent qu'il n'en recevait. En mars 1981, un homme a tenté d'assassiner Reagan. Il a été blessé, mais il s'est remis.

Ronald Reagan a également remporté l'élection en 1984. Il a essayé de corriger les problèmes budgétaires du pays. Toutefois, les affaires se développaient lentement, et le gouvernement devait de plus en plus d'argent.

Ronald Reagan a rencontré Mikhaïl Gorbatchev, le chef de l'Union soviétique. Ils ont signé une entente selon laquelle ils se débarrasseraient de certaines sortes d'armes nucléaires. Toutefois, un groupe gouvernemental a vendu secrètement des armes à l'Iran et a remis l'argent à des groupes politiques du Nicaragua. De nombreuses personnes pensaient que cela n'était pas acceptable.

Plusieurs années après la fin de son deuxième mandat, Ronald Reagan a été atteint d'une maladie qui cause une perte de mémoire. Il s'est retiré de la vie publique.

Réalité virtuelle

La réalité virtuelle (RV) est un environnement électronique à trois dimensions créé par un ordinateur et d'autres équipements. Lorsqu'une personne utilise cet équipement, elle a l'impression d'être plongée à l'intérieur d'un monde créé par l'ordinateur. Dans ce monde, elle peut regarder et manipuler des objets comme s'ils étaient vraiment là. Les systèmes de réalité virtuelle sont fréquemment utilisés dans les jeux vidéo. On les utilise également pour aider à entraîner des athlètes, des pilotes, et d'autres professionnels.

La plupart des systèmes de réalité virtuelle comprennent des lunettes spéciales. Ces lunettes comprennent deux petits téléviseurs, un pour chaque œil. Les lunettes sont reliées à un ordinateur. Les téléviseurs montrent des images électroniques. Les images sont légèrement différentes pour chaque œil,

Un homme traverse un avion dans un environnement de réalité virtuelle.

donnant l'impression que les objets peuvent être pris dans la main. Certaines lunettes sont également équipées d'un petit haut-parleur pour chaque oreille. L'ordinateur du système transmet du son à ces haut-parleurs. Le son contribue à donner une impression de réalité à ce que voit l'utilisateur.

Un autre outil de réalité virtuelle courant est un gant spécial qui perçoit les mouvements de la main de l'utilisateur. Ce gant est également relié à l'ordinateur. Une image du gant apparaît sur les téléviseurs des lunettes. Lorsque la main de l'utilisateur bouge, l'ordinateur déplace l'image du gant de la même manière. Le système donne aux utilisateurs l'impression qu'ils peuvent saisir des objets dans le monde électronique. D'autres sortes d'équipement font en sorte que les objets semblent avoir un poids. Ils donnent également aux utilisateurs l'impression qu'ils peuvent se déplacer dans le monde électronique.

Les recherches sur les équipements qui ont mené à la réalité virtuelle ont commencé au début des années 1960. Lorsque des téléviseurs à écran plat peu coûteux sont devenus disponibles à la fin des années 1980, quelques entreprises ont commencé à vendre des lunettes de réalité virtuelle spéciales. Des jeux de réalité virtuelle sont apparus dans les magasins et les salles de jeu vidéo au début des années 1990. Les systèmes de réalité virtuelle actuels ne donnent pas tout à fait l'impression que les situations et les objets sont réels, mais ils sont adéquats pour les besoins des jeux vidéo. Les chercheurs s'efforcent de les améliorer.

Recensement

Un recensement est une méthode de compter des personnes. Il est effectué par le gouvernement d'un pays. Les recensements sont effectués pour recueillir des renseignements, tels que le nombre d'habitants du pays. La plupart des pays effectuent un recensement à intervalles réguliers, par exemple tous les dix ans.

Aux États-Unis, le premier recensement fut effectué en 1790 pour compter le nombre d'habitants. Il s'agit du premier recensement national moderne. À l'époque, moins de 4 millions d'habitants étaient dispersés en Amérique. Les recenseurs devaient se déplacer à cheval pour faire leur travail. De nombreuses personnes refusèrent de répondre aux questions parce qu'ils ne savaient pourquoi le gouvernement voulait ces renseignements.

Aujourd'hui, le Bureau du recensement envoie par la poste des formulaires que les personnes peuvent remplir et renvoyer. Ces formulaires sont envoyés aux citoyens américains qui vivent aux États-Unis et également à ceux qui vivent dans d'autres pays. On demande à la plupart des personnes de donner leur âge, leur sexe, et leur lien de parenté. Un nombre plus restreint de personnes peut devoir répondre à des questions plus détaillées à propos d'elles-mêmes et de leur mode de vie. Les ordinateurs tabulent ces renseignements, et les résultats sont publiés et sont mis à la disposition de tous.

Les recensements donnent un aperçu utile des changements de la société. Les renseignements obtenus lors des recensements aident le gouvernement national et les gouvernements locaux à planifier des programmes futurs. Ils savent ainsi quels services seront nécessaires, par exemple l'aide sociale, les écoles et les hôpitaux.

L'horloge de la population de l'U.S. Census Bureau (bureau du recensement des États-Unis) a atteint la barre des 300 millions le 17 octobre 2006 à 7 h 46. Cette horloge présente une estimation du nombre d'Américains en se basant sur les données concernant les naissances, les morts et l'immigration.

Réchauffement climatique

Le réchauffement climatique est une hausse de la température moyenne à la surface de la Terre. Depuis le milieu du XIXe siècle, la température moyenne en surface a augmenté d'environ 0,76 degré Celsius (1,4 degré Fahrenheit). Les scientifiques ont également découvert que les températures en surface ont augmenté encore plus rapidement entre le milieu du XXe siècle et les années 2000. Ils prédisent que la température de la Terre augmentera encore plus d'ici 2100.

Dans le passé, le climat de la Terre s'est réchauffé et a refroidi plusieurs fois. Toutefois, les scientifiques ont découvert des preuves solides indiquant que les activités humaines ont causé la majeure partie du réchauffement

Dans les années 1940, le glacier de Grinnell, dans le parc national des Glaciers, au Montana, était une masse de glace solide (ci-dessous). En 2006 (en bas), la glace avait reculé et un lac s'était formé.

depuis le milieu du XXe siècle. Depuis la fin du XVIIIe siècle, un grand nombre d'usines ont été bâties. Au début du XXe siècle, l'industrie de l'automobile a commencé à croître très rapidement.

Les causes du réchauffement climatique

La cause principale de la hausse des températures en surface est l'augmentation de la quantité de *gaz à effet de serre* dans l'atmosphère de la planète. Ces gaz emprisonnent la chaleur du soleil et contribuent à maintenir la chaleur de la Terre à un niveau qui permet la survie des êtres vivants. Toutefois, une accumulation de ces gaz peut nuire aux plantes et aux animaux.

Un gaz invisible appelé dioxyde de carbone a causé la majeure partie du réchauffement. Une certaine partie du dioxyde de carbone présent sur la Terre provient de la combustion de *combustibles fossiles* (charbon, pétrole et gaz naturel). Les combustibles fossiles sont utilisés par les automobiles, les usines et les centrales électriques. Ces combustibles contiennent du carbone, et le fait de les brûler produit du dioxyde de carbone.

Les effets du réchauffement climatique

Le réchauffement climatique a déjà eu un effet sur les êtres vivants et sur l'environnement. La hausse des températures a forcé certains animaux à se déplacer vers des régions plus fraîches. Le réchauffement des eaux pourrait nuire à la vie marine, surtout aux récifs coralliens. Les scientifiques pensent que ces effets iront en s'aggravant avec la hausse continue des températures. Il est possible que certaines espèces de plantes et d'animaux ne puissent pas vivre dans un climat plus chaud ou trouver une nouvelle habitation. Elles pourraient disparaître.

La plupart des scientifiques pensent que le réchauffement climatique a contribué à une hausse du niveau moyen de la mer. Le niveau de la mer a augmenté d'environ 17 centimètres (7 pouces) au cours du XXe siècle. Une partie de cette augmentation est causée par le fait que l'eau chaude occupe plus d'espace que l'eau froide. Toutefois, les températures plus chaudes font également fondre la glace à la surface de la Terre. Cette eau coule dans les océans. Si le réchauffement continue, des inondations pourraient se produire dans les villes bâties près du bord de la mer. De nombreuses personnes seraient forcées de s'installer à l'intérieur des terres.

Les scientifiques pensent également que le réchauffement climatique occasionnera davantage de conditions météorologiques exceptionnelles. Certaines régions pourraient recevoir davantage de pluie. D'autres pourraient souffrir de sécheresse. Les journées plus chaudes et le plus grand nombre de vagues de chaleur pourrait diminuer la quantité de récoltes et causer un plus grand nombre de décès et de maladies chez les êtres humains.

Comment limiter le réchauffement climatique

De nombreux pays prennent déjà des mesures pour diminuer la quantité de gaz à effet de serre émis dans l'atmosphère. Certains pays utilisent davantage d'énergie produite par le soleil ou le vent afin de réduire la quantité de combustibles fossiles brûlés. Les scientifiques s'efforcent également de produire des machines qui consomment moins de combustibles. Nous pouvons contribuer à limiter le réchauffement climatique en éteignant les lumières et les appareils électroménagers lorsque nous ne les utilisons pas. Nous pouvons également utiliser les automobiles moins souvent.

De nombreux pays ont convenu de coopérer afin de lutter contre le réchauffement climatique. Ils ont approuvé un traité appelé Protocole de Kyoto. Ce traité exige que certains pays limitent la quantité de gaz à effet de serre qu'ils émettent dans l'atmosphère. Toutefois, les États-Unis et quelques autres pays ont refusé de signer le traité. Ils prétendaient que le traité serait nuisible pour les affaires.

Autres articles à lire : **Effet de serre; Pollution environnementale**

Ces élèves du niveau secondaire effectuent des recherches dans leur bibliothèque de Laval, en France.

Recherche

La recherche est un travail accompli par les gens qui posent des questions et qui trouvent des réponses à leurs questions. Les personnes qui font de la recherche trouvent des renseignements, puis ils travaillent avec ces renseignements.

La bibliothèque est un bon endroit pour faire des recherches. Les bibliothèques possèdent des livres, des revues, des journaux et d'autres documents imprimés. De nombreuses bibliothèques possèdent également des ordinateurs, des cassettes audio et des vidéocassettes.

Les bibliothèques possèdent des ouvrages de référence généraux qui traitent d'un grand nombre de sujets. *The World Book Encyclopedia* ou *L'Encyclopédie Découverte* sont des ouvrages de référence généraux. D'autres ouvrages de référence comprennent les annuaires, les almanachs et les dictionnaires.

On peut également utiliser des matériels électroniques de référence, tels que les CD-ROM ou l'Internet. L'Internet est un réseau mondial d'ordinateurs.

Autres articles à lire : **Bibliothèque; Dictionnaire; Encyclopédie; Musée; Science**

Un cultivateur remue le sol entre des rangées de fèves de soja.

Récolte

Une récolte est constituée d'un nombre important de plantes d'une même variété cultivées pour les humains. Les récoltes cultivées pour nourrir les personnes sont appelées cultures vivrières. La plupart des récoltes cultivées par les fermiers partout dans le monde sont des cultures vivrières. Les récoltes consommées par les animaux sont des cultures fourragères. Certaines récoltes, appelées cultures à fibre, produisent de longs morceaux filamenteux d'une substance appelée fibre. La fibre végétale est utilisée pour confectionner les vêtements et beaucoup d'autres produits. D'autres récoltes sont produites pour leur beauté.

Les cultures vivrières comprennent les fruits, les légumes et les céréales. Les cultures fourragères sont généralement composées d'herbes. Le coton, le lin et le chanvre fournissent des fibres. Les récoltes produites pour leur beauté comprennent les fleurs, l'herbe à pelouse, les arbustes et les arbres décoratifs.

Recyclage

Le recyclage consiste à utiliser des matériaux une nouvelle fois au lieu de les jeter. Le recyclage nous aide à conserver des matériaux et de l'énergie. Il empêche les dépotoirs de se remplir. Il réduit également la pollution associée à l'élimination des déchets.

Les boîtes de conserve, le verre, le papier et certains plastiques peuvent être recyclés. Les boîtes de conserve en métal sont utilisées pour fabriquer de nouvelles boîtes de conserve et d'autres objets. Le papier est recyclé pour en faire du nouveau papier et du carton. Le verre est utilisé pour fabriquer du nouveau verre, et certains plastiques peuvent être fondus pour en faire de nouveaux produits de plastique.

Les chutes des plantes peuvent également être recyclées. Elles se décomposent pour former du compost, un mélange riche qui est ajouté au sol pour aider les plantes à pousser.

Certaines villes ramassent des matériaux pour le recyclage. Dans d'autres endroits, les gens peuvent apporter leurs matériaux à un dépôt ou les vendre à un service qui achète les rebuts.

Autres articles à lire : **Aluminium; Plastiques; Verre**

Recyclage d'ordinateurs

Réfrigérateur

Les réfrigérateurs sont des machines qui gardent les aliments froids. Ils fonctionnent en transformant un liquide en gaz qui *absorbe* la chaleur. Lorsqu'un gaz redevient un liquide, il émet de la chaleur.

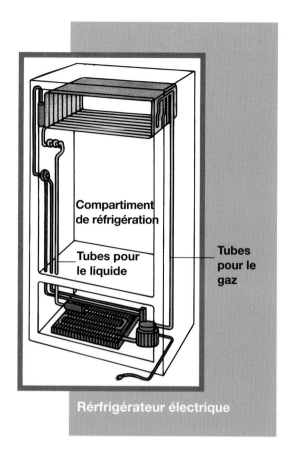

Compartiment de réfrigération

Tubes pour le liquide

Tubes pour le gaz

Rérfrigérateur électrique

La plupart des réfrigérateurs utilisés dans les maisons fonctionnent à l'électricité ou au gaz naturel. Ils utilisent tous une substance appelée *réfrigérant*. Le réfrigérant passe de l'état liquide à l'état gazeux et vice-versa.

Le réfrigérant liquide circule à l'intérieur de tuyaux ou de serpentins dans le réfrigérateur, et il devient un gaz en absorbant la chaleur des aliments contenus dans le réfrigérateur. Les aliments se refroidissent alors.

Le réfrigérant sous forme de gaz circule alors jusqu'à un endroit du réfrigérateur où il se refroidit. Lorsque le réfrigérant refroidit, il devient un liquide et le cycle recommence.

Lorsque les réfrigérateurs fonctionnent, l'humidité gèle autour du congélateur et forme du givre. Les réfrigérateurs doivent donc être dégivrés. Certains réfrigérateurs peuvent se dégivrer eux-mêmes. À certains moments, une commande ouvre une soupape et laisse un gaz chaud circuler dans les serpentins. La chaleur fait fondre la glace. D'autres réfrigérateurs doivent être dégivrés en coupant l'alimentation et en laissant fondre le givre.

Autres articles à lire : **Chaleur; Climatisation; Gaz; Glace; Liquide**

Reggae

Le reggae est une forme de musique populaire. Il s'est d'abord fait connaître en Jamaïque au cours des années 1960. Certaines idées tirées du reggae se retrouvent maintenant dans la musique soul, dans le rhythm and blues et dans la musique rock.

Les paroles de la plupart des chansons reggae parlent de la religion et des problèmes sociaux de la Jamaïque. Les chansons ont un rythme à quatre temps. Les rythmes sont parfois très complexes.

Le reggae a des racines dans la musique africaine, dans la musique folklorique jamaïcaine et dans la musique populaire nord-américaine. Il s'est développé à partir de deux autres formes de musique jamaïcaine, le ska et le rock steady. Le chanteur de reggae Bob Marley était à la tête d'un groupe à partir de 1964. Il était la vedette de reggae la plus célèbre jusqu'à sa mort en 1981.

La vedette de reggae Bob Marley lors d'un concert, en 1980

Regina

Regina est la capitale de *la Saskatchewan*, l'une des provinces des Prairies du Canada. Regina est située au sud de la Saskatchewan.

Regina est située au centre de la meilleure région de culture du blé au Canada. Le ciment, des machines agricoles et l'acier sont certains des produits fabriqués à Regina. Les champs de pétrole du sud de la Saskatchewan ont fait de Regina un important centre pétrolier. La ville possède des usines qui transforment le pétrole en produits utiles.

Avant l'arrivée des colonisateurs blancs, les Indiens Cris campaient souvent sur un site près de la ville actuelle de Regina. En 1882 et en 1883, le Chemin de fer Canadien Pacifique a construit une voie ferroviaire qui reliait l'est et l'ouest du Canada. Cela a permis la venue des premiers colonisateurs dans la région. Le gouvernement du Canada a fondé Regina en 1882.

Le ruisseau Wascana traverse Regina. Wascana Centre est une section de parcs et de bâtiments publics dans la ville. Parmi les bâtiments de Wascana Centre on retrouve le Royal Saskatchewan Museum, le Saskatchewan Centre of the Arts et l'Université de Regina.

Autres articles à lire : **Saskatchewan**

Victoria Park à Regina, au Canada

Rein

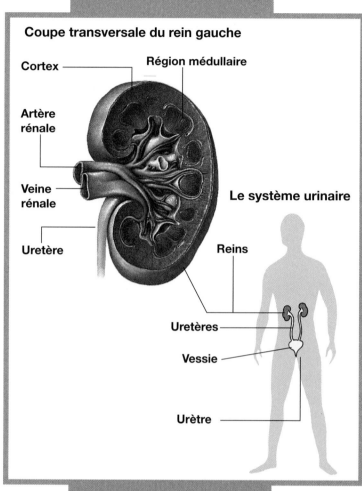

Coupe transversale du rein gauche

Cortex

Région médullaire

Artère rénale

Veine rénale

Le système urinaire

Uretère

Reins

Uretères

Vessie

Urètre

Les reins

Les reins sont des organes (des parties du corps) des êtres humains et de tous les autres êtres vivants pourvus d'une colonne vertébrale. Le rôle le plus important des reins est la production d'urine. L'urine est un liquide qui transporte les déchets hors du corps. Si un rein est endommagé lors d'un accident ou en raison d'une maladie, l'autre peut grossir et faire le travail des deux. Si les deux reins sont endommagés ou cessent de fonctionner, des poisons s'accumulent dans le corps de la personne, ce qui entraîne la mort. Toutefois, bon nombre de personnes dont les reins sont endommagés sont gardées en vie par dialyse. Cette procédure fait le travail des reins. Certaines personnes bénéficient d'une greffe du rein. Elles ont alors à nouveau un rein en bonne santé.

Les reins des humains ressemblent à de gros haricots d'un brun violacé. Ils ont environ la taille d'un poing d'adulte. Ils se situent sous le milieu du dos, de chaque côté de la colonne vertébrale.

Reine

Une reine peut être une femme qui gouverne un royaume ou l'épouse d'un roi. Une reine qui règne seule possède généralement les mêmes pouvoirs qu'aurait un roi. Si elle est l'épouse d'un roi, elle n'a aucun pouvoir dans le gouvernement. Aujourd'hui, peu de pays ont une reine.

La reine reçoit une couronne comme symbole de sa royauté. Une reine reçoit sa couronne lors d'une cérémonie spéciale appelée couronnement. La plupart des couronnements sont en partie religieux. Lors du couronnement, la reine fait habituellement le serment de gouverner avec sagesse.

Les reines et les rois du Royaume-Uni et des pays qui ont des lois écrites appelées constitutions ont peu de pouvoirs administratifs. C'est le premier ministre qui est à la tête du gouvernement. Toutefois, les reines et les rois peuvent influencer la façon de penser des habitants de leur pays.

Autres articles à lire : **Élisabeth Ière; Élisabeth II; Roi; Victoria**

Reine Élisabeth Ière. Voir
Élisabeth Ière.

Reine Élisabeth II. Voir
Élisabeth II.

Reine Victoria. Voir Victoria.

La reine Margrethe de Danemark et le roi Charles Gustave de Suède

Religion

Au cours de toutes les époques et dans toutes les régions du monde, la plupart des personnes ont cru en une puissance plus forte qu'elles-mêmes. Cette confiance en une puissance supérieure s'appelle religion.

On trouve de nombreuses religions dans le monde aujourd'hui. Chacune d'entre elles a ses propres croyances et ses propres façons de pratiquer son culte ou de prier. Même les personnes appartenant à une même religion peuvent avoir différentes façons d'exprimer leur foi.

Certaines religions, telles que le judaïsme, le christianisme et l'islam, sont fondées sur une croyance en un seul Dieu. Certaines d'entre elles, telles que l'hindouisme, croient en plusieurs dieux. Les adeptes de certaines religions croient que l'on trouve des esprits dans les animaux, les arbres et les roches. D'autres religions se préoccupent davantage du mode de vie des personnes que de leurs croyances.

Cette église orthodoxe russe au Canada, comme celles que l'on trouve en Russie, est surmontée d'un dôme arrondi.

Religion

Dans de nombreuses régions du monde, les gens ont bâti de grands temples et de grandes églises pour pratiquer leur culte. D'autres ont bâti d'immenses parcs où ils peuvent se rendre pour prier. Il y a des gens qui ne croient pas avoir besoin d'un endroit spécial pour pratiquer leur culte.

Les gens pratiquent une religion pour différentes raisons. Certaines pratiquent une religion parce qu'elle fait partie de leur culture ou de leur famille. D'autres pratiquent une religion parce qu'elle promet de les sauver du mal et de leur apporter le bonheur, ou parce qu'elle leur promet une vie après la mort. Pour plusieurs, la religion donne un sens à la vie. Beaucoup de pratiquants sentent qu'ils font partie d'une grande famille à l'intérieur de cette religion.

Les scientifiques pensent que les humains pratiquent des religions depuis l'époque préhistorique. L'époque préhistorique signifie une époque lointaine, avant l'invention de l'écriture. Ces scientifiques pensent que les peuples préhistoriques croyaient que la mort était causée par une puissance plus forte qu'eux. Les peuples préhistoriques avaient des cérémonies religieuses. Par exemple, ils déposaient souvent de la nourriture et des outils dans les tombes. Ils pensaient que les morts voudraient ces objets ou en auraient besoin.

Avant de prier, ces fidèles hindous se baignent dans le Gange, dans la ville de Varanasi.

Aujourd'hui, on compte des milliers de religions dans le monde. Les huit religions principales sont le bouddhisme, le christianisme, le confucianisme, l'hindouisme, l'islam, le judaïsme, le shintoïsme et le taoïsme.

Au fil des années, la religion a eu un grand effet sur les arts. Certains des plus beaux bâtiments du monde sont les endroits où les gens pratiquent leur culte, et une grande partie de la plus belle musique au monde est de la musique religieuse. Les récits religieux sont le sujet d'un grand nombre de peintures, de sculptures, de légendes, de danses et de films.

Autres articles à lire : **Bouddhisme; Christianisme; Confucianisme; Hindouisme; Islam; Judaïsme; Shintoïsme; Taoïsme**

Rembrandt

Rembrandt (1606–1669) était l'un des plus grands artistes des Pays-Bas. Il a produit un grand nombre de tableaux, de gravures et de dessins remarquables.

Rembrandt est né à Leyde le 15 juillet 1606. Son nom complet était Rembrandt Harmenszoon van Rijn. Il a fait des études d'art, d'abord à Leyde puis à Amsterdam. Vers 1625, il est retourné à Leyde.

Les premiers tableaux de Rembrandt étaient des petites scènes tirées de la Bible et de l'histoire. Ses tableaux représentaient des personnes animées et ils avaient des couleurs vives. Rembrandt n'a pas tardé à acquérir une solide réputation. Il a commencé à enseigner à d'autres peintres.

Vers 1632, Rembrandt s'est établi à Amsterdam. Il a commencé à peindre des tableaux de personnes riches. Son tableau d'un médecin donnant une leçon d'anatomie l'a rendu célèbre. Il est devenu riche et a acheté une grande maison. Rembrandt a également peint d'autres sujets. Son tableau le plus célèbre, *La ronde de nuit,* a été peint en 1642. Ce tableau représentait un groupe de miliciens d'Amsterdam. Il les a peints comme ils étaient avant, lorsqu'ils étaient des héros.

Au cours des années 1640, la maison de Rembrandt est devenue trop coûteuse à maintenir, et il avait dépensé trop d'argent à collectionner des tableaux. Il a également commencé à peindre des tableaux pour lui-même, pour lesquels il n'était pas payé. Lorsqu'il a épuisé tout son argent, sa maison et ses biens ont été vendus. Toutefois, ses œuvres sont devenues encore plus merveilleuses. Plusieurs années plus tard, à sa mort, il a légué une grosse somme d'argent à sa famille.

Rembrandt a peint cet auto-portrait qu'il a achevé en 1658.

Renaissance

La Renaissance était une époque de grand changement dans la musique, l'art, la littérature et la science. La Renaissance a duré du XIVe siècle au XVIIe siècle. Elle a commencé en Italie et elle s'est répandue à l'Angleterre, la France, l'Allemagne, les Pays-Bas, l'Espagne et d'autres pays.

Le mot *Renaissance* vient du latin . Pendant la Renaissance, de nombreux artistes ont étudié les connaissances et l'art de la Grèce et de la Rome antiques. Ils souhaitaient faire renaître l'esprit de la culture grecque et de la culture romaine dans leurs propres œuvres. La Renaissance était donc considérée comme le retour de ces cultures.

Lorsque la Renaissance a commencé, la période de l'histoire européenne connue sous le nom de Moyen Âge prenait fin. Les chefs de la Renaissance n'étaient pas d'accord avec bon nombre des idées du Moyen-Âge. Pendant le Moyen Âge, la religion était au centre de l'art et des connaissances. Toutefois, de nombreux penseurs de la Renaissance ont commencé à étudier les êtres humains et à en faire les sujets d'œuvres d'art. Ils ont étudié différentes cultures et leurs modes de vie. Ils considéraient que les anciens Grecs et les anciens Romains possédaient une grande compréhension des êtres humains et de leurs problèmes. Les penseurs de la Renaissance ont étudié les écrits, les œuvres d'art et les idées de ces peuples anciens. Ils ont essayé d'imiter le style de leurs œuvres. Ils ont également essayé de convaincre d'autres personnes de travailler et de

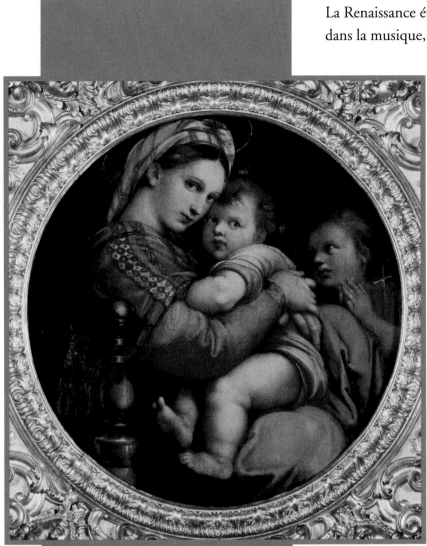

La Vierge à la chaise est un tableau de la Renaissance peint par Raphaël.

penser comme le faisaient les anciens Grecs et les anciens Romains. Ils pensaient que cela les aiderait à améliorer leur propre vie.

Les changements apportés par la Renaissance se sont produits lentement, au fil des années. De nombreuses personnes refusaient d'accepter les nouvelles façons de faire et les nouvelles idées. Toutefois, la Renaissance a eu une grande influence dans les années futures. Elle a apporté de grands changements dans les sciences et dans les arts.

Trois artistes célèbres de la Renaissance sont Michel-Ange, Raphaël et Léonard de Vinci. Encore aujourd'hui, de nombreux artistes étudient les chefs-d'œuvre de la Renaissance.

Autres articles à lire : **Léonard de Vinci; Michel-Ange; Moyen Âge**

Famille et cour de Ludovic Gonzague II, par Andrea Mantegna

Renard

Les renards appartiennent à la même famille que les chiens. La plupart d'entre eux ressemblent à un petit chien à la taille fine avec une queue en panache. Le renard possède de longues oreilles pointues et un fin museau.

Les renards peuvent vivre presque partout dans le monde. On les trouve dans des zones agricoles, les déserts, les forêts et même les parties boisées des villes.

Les renards ont une bonne ouïe et un bon odorat. Ce sont de bons chasseurs, et ils mangent presque tous les animaux qu'ils attrapent, y compris les oiseaux, les grenouilles, les insectes, les lézards, les souris— et les lapins. Ils se nourrissent également de baies et de cadavres d'animaux.

Les renards vivent en famille lorsqu'ils élèvent leurs petits. Ils creusent des tanières ou récupèrent les anciens terriers dans le sol. Ils peuvent également se faire des tanières dans

Renard roux

Fennec

des grottes, des troncs creux ou des arbres. Les jeunes, ou renardeaux, naissent vers le début du printemps. Le renard roux a de quatre à neufs petits par portée, contre trois à cinq pour le renard gris.

La renarde, comme le renard, *élèvent tous les deux* les renardeaux. Ceux-ci tètent pendant environ cinq semaines. Puis les parents leur apportent de la nourriture. Ensuite, ils leur apprennent à chasser. Avant la fin de l'été ou l'automne, les renardeaux peuvent se débrouiller seuls.

Il existe de nombreuses espèces de renards. Le renard roux vit dans presque toute l'Europe, l'Asie et l'Amérique du Nord. Le renard gris vit dans presque tout l'ensemble des États-Unis, au Mexique, en Amérique centrale, et dans certaines parties de l'Amérique du Sud. Le renard arctique vit dans les parties les plus septentrionales de l'Europe, de l'Asie et de l'Amérique du Nord. Les fennecs, la plus petite espèce de renards, vivent dans les déserts du nord de l'Afrique et de l'Arabie.

Renne

Les rennes sont de gros cervidés que l'on trouve dans l'extrême nord de l'Europe, de l'Asie et de l'Amérique du Nord. Ils possèdent des bois plus gros et un pelage plus épais que les autres cervidés. Leurs sabots larges les empêchent de s'enfoncer dans la neige.

Contrairement aux femelles de la plupart des cervidés, la femelle du renne possède des bois.

Pendant l'été, les rennes se nourrissent de feuilles et d'herbe. En hiver, ils creusent la neige avec leurs sabots pour trouver les *lichens* dont ils se nourrissent. Pour trouver assez de nourriture, ils doivent se déplacer souvent et aller loin. Un renne peut parcourir plusieurs centaines de kilomètres dans une année. La femelle du renne donne généralement naissance à un seul petit au printemps.

Les rennes sont très importants pour certains peuples de l'Arctique. Ces gens utilisent les rennes pour tirer des charges et des traîneaux. Ils se nourrissent également de viande de renne, ils boivent le lait de renne et ils confectionnent leurs vêtements à partir de peaux de rennes.

Renne

Renoir, Pierre Auguste

Pierre Auguste Renoir (1841–1919) était un peintre français. Il était un type de peintre appelé impressionniste. Les tableaux d'un impressionniste visent à créer chez le spectateur une certaine sensation ou un certain état d'esprit. Les tableaux impressionnistes ne reproduisent pas la même sorte de détails et de réalisme que les tableaux plus conventionnels.

Pierre Auguste Renoir est né à Limoges, en France. Jeune homme, il peignait des stores de fenêtre et des éventails à Paris. Au cours des années 1870, lui et Claude Monet, un autre peintre impressionniste, ont mis au point la méthode des tons rompus utilisée par les impressionnistes. Au lieu de complètement mélanger les couleurs, ils utilisaient de petites taches de couleur.

Renoir a connu la célébrité grâce à ses tableaux d'enfants et de scènes de la vie française. Il avait souvent recours à ses amis, sa femme et ses enfants comme modèles.

En vieillissant, les mains de Renoir ont été handicapées par l'arthrite. Toutefois, il a continué à peindre. Il attachait ses pinceaux à ses mains, et il peignait à grands coups de pinceaux avec des couleurs vives.

Autres articles à lire : **Impressionnisme**

Sur la balançoire, de Pierre Renoir

Reproduction

La reproduction est la méthode utilisée par les êtres vivants pour faire d'autres êtres vivants. Tous les êtres vivants se reproduisent, des plus gros aux plus petits. Sans reproduction, toutes les formes de vie disparaîtraient.

Les êtres vivants peuvent produire des petits semblables à eux-mêmes. Ils peuvent faire cela parce que tous les êtres vivants ont des gènes. Les gènes sont des minuscules morceaux d'une substance qui fait en sorte que les êtres vivants ont l'apparence et le comportement qu'ils ont et qu'ils se développent comme ils le font. Les cellules, c'est-à-dire les parties les plus petites de tout être vivant, contiennent des gènes. Pendant la reproduction, les gènes sont transmis aux petits des êtres vivants.

Il existe deux formes de reproduction. Dans la première forme, un nouvel être vivant est formé lorsqu'une certaine cellule d'un être vivant s'unit à une certaine cellule d'un autre être vivant de la même espèce. Autrement dit, deux êtres vivants de la même espèce sont nécessaires pour produire un nouvel être vivant. Les êtres humains et presque tous les autres animaux se reproduisent de cette manière.

Dans la seconde forme de reproduction, un être vivant se développe à partir d'un seul être vivant. Il provient d'une partie de cet être vivant. Les êtres vivants qui se reproduisent de cette manière sont des formes de vie très simples, telles que des bactéries. Certaines plantes et certains animaux simples, tels que les éponges, peuvent se reproduire des deux manières.

Autres articles à lire : **Gène**

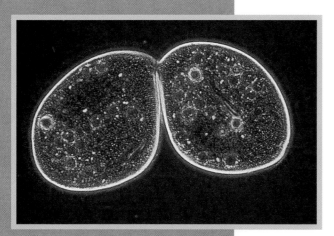

Cet être vivant unicellulaire se reproduit en se scindant en deux.

Bon nombre d'êtres vivants se développent à partir des cellules de deux parents. Un ovule humain est fécondé par un spermatozoïde humain.

Reproduction humaine

La reproduction humaine est la méthode utilisée par les êtres humains pour faire d'autres êtres humains. Un nouvel être humain se développe lorsqu'une cellule mâle rejoint une cellule femelle. La cellule femelle est appelée ovule, et la cellule mâle est appelée spermatozoïde. Quand la cellule mâle et la cellule femelle se fusionnent, la *fécondation* a lieu.

La fécondation est la première étape de la *grossesse*. Pendant la grossesse, l'œuf fécondé se développe et devient un bébé complètement formé à l'intérieur de la femme. La grossesse dure environ neuf mois.

Au début de la grossesse, l'œuf fécondé est plus petit que le point qui termine cette phrase. Sous peu, l'œuf se transforme en un amas de cellules appelé *embryon*. Peu à peu, les cellules s'organisent et forment des tissus. Les tissus se composent d'un grand nombre de cellules identiques. Différentes sortes de tissus forment les différentes parties du corps.

À la fin du deuxième mois de la grossesse, tous les principaux organes se sont formés, y compris le cœur et les poumons. L'embryon a déjà une apparence humaine. Pendant le reste de la grossesse, l'embryon est appelé *fœtus*. Le fœtus devient assez gros pour vivre à l'extérieur du corps de sa mère. La grossesse se termine lorsque le nouveau bébé sort du corps de sa mère.

Autres articles à lire : **Bébé; Gène; Naissances multiples**

Développement d'un bébé

Jour 1
Le spermatozoïde s'unit à l'œuf.

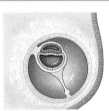

Jour 13
Les parties simples se développent.

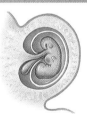

Jour 28
Le cœur commence à battre.

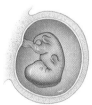

Jour 35
Les bras, les jambes et les organes se développent.

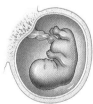

Jour 49
Le visage commence à se former.

Jour 56
Tous les principaux organes sont formés. Les doigts et les orteils sont également formés.

Reptile

Les reptiles sont des animaux qui ont la peau sèche et couverte d'écailles, et qui respirent avec leurs poumons. Il existe des milliers d'espèces de reptiles. Ceux-ci comprennent les alligators, les crocodiles, les lézards, les serpents, les tortues et les sphénodons. La plupart des reptiles sont sans danger pour les humains.

Les reptiles sont des animaux à sang froid. Cela signifie que la température de leur corps varie selon la température de leur environnement. Pour rester vivants, les reptiles doivent éviter les températures très froides et les températures très chaudes. Bien que la plupart des reptiles vivent dans les tropiques, on en trouve sur tous les continents à l'exception de l'Antarctique.

Les scientifiques divisent les reptiles en quatre groupes principaux : les lézards et les serpents, les tortues, les crocodiliens et les sphénodons.

Les lézards et les serpents forment le groupe de reptiles le plus important. La plupart des lézards ont quatre pattes et une longue queue. La plupart ont également des orifices auditifs et des paupières mobiles. La queue des serpents peut avoir différentes longueurs. Toutefois, ils n'ont ni pattes, ni paupières, ni orifices auditifs.

Les tortues sont les seuls reptiles pourvus d'une carapace. Les tortues peuvent rentrer leur tête, leurs pattes et leur queue dans leur carapace pour se protéger.

Les crocodiliens comprennent les alligators, les caïmans, les crocodiles et les gavials. Ils vivent tous dans l'eau ou près de l'eau. Ils sont pourvus d'un long museau, de mâchoires puissantes et de pattes de derrière palmées. Ils utilisent leur longue queue puissante pour nager.

On ne trouve les sphénodons que sur quelques îles au large de la Nouvelle-Zélande. Le sphénodon ressemble à un lézard, mais il est apparenté de près aux dinosaures. Les dinosaures ont disparu il y a environ 65 millions d'années.

Autres articles à lire : **Alligator; Crocodile; Crotale; Dinosaure; Lézard; Python; Serpent; Tortue; Tortue terrestre**

Tortue du désert

Python réticulé

Monstre de Gila

Sphénodon

Crocodile du Nil

Quelques espèces de reptiles

Faits intéressants au sujet des reptiles

Les reptiles sont des animaux à sang froid, c'est-à-dire que la température de leur corps reste généralement semblable à la température de leur environnement. Les reptiles qui sont actifs lors de journées chaudes et ensoleillées se rafraîchissent en se plaçant à l'ombre.

Pupille fendue

Pupille ronde

La forme de la *pupille* d'un reptile (l'ouverture sombre au centre de l'œil) indique si l'animal est actif le jour ou la nuit. La plupart des reptiles qui sont actifs pendant la nuit ont des pupilles en forme de fente qui peuvent se fermer presque complètement lorsque la lumière est trop vive. Les pupilles des reptiles qui sont actifs pendant le jour sont rondes. La plupart des reptiles voient bien, et certains d'entre eux peuvent distinguer les couleurs.

Écailles imbriquées

Les lézards et les serpents sont recouverts d'une seule couche d'écailles imbriquées. D'autres reptiles ont des *plaques* (des régions d'écailles séparées les unes des autres). La peau aide à retenir l'eau dans le corps de l'animal. Les reptiles peuvent se passer d'eau pendant de longues périodes, et de nombreuses espèces peuvent vivre dans les déserts.

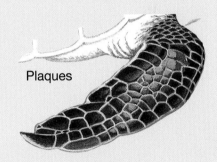

Plaques

Les dinosaures, les reptiles les plus spectaculaires, ont régné sur les animaux terrestres pendant des millions d'années. Ils ont disparu il y a environ 65 millions d'années. Le diplodocus, un dinosaure herbivore qui mesurait environ 27 mètres (90 pieds) de longueur, était l'un des animaux les plus gros qui ont jamais vécu.

La plupart des reptiles pondent des œufs. Les œufs sont pondus dans du bois pourri, dans un nid de feuilles et de terre humide, ou ailleurs sur le sol. La chaleur du soleil fait éclore les œufs.

De nombreuses espèces de reptiles *muent* (changent de peau) chaque année. La peau se détache après que de nouvelles écailles se sont formées en dessous. La peau des lézards se détache en larges bandes.

République

Une république est la forme de gouvernement de nombreux pays. Dans une république, les dirigeants sont élus, c'est-à-dire qu'ils sont choisis par le peuple lors d'une élection. Ils sont généralement en place pendant une période déterminée.

Il existe différentes sortes de républiques. Les États-Unis sont une république démocratique. Dans une république démocratique, les dirigeants représentent les gens qui ont voté pour eux, c'est-à-dire qu'ils agissent pour leur compte. Si le peuple pense que ses dirigeants ne le représentent pas bien, il peut décider de ne pas les réélire.

Dans d'autres formes de républiques, les dirigeants sont élus par un petit nombre de personnes. Ces dirigeants peuvent être réélus même si la majeure partie de la population du pays est mécontente.

La Rome antique était l'une des premières républiques. Elle a été établie il y a environ 2 500 ans.

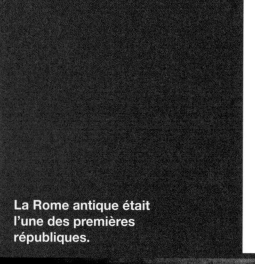

La Rome antique était l'une des premières républiques.

République centrafricaine

La République centrafricaine est un pays situé au centre de l'Afrique. La plus grande partie du terrain est une plaine élevée et recouverte d'herbe, soit des collines aux douces ondulations. On trouve des forêts pluviales au sud du pays, et une région désertique traverse le nord. Le pays n'a pas d'accès sur la mer. Il est bordé par le Tchad, le Soudan, le Congo-Kinshasa, le Congo-Brazzaville et le Cameroun. Le port de Bangui, sur le fleuve Oubangui, est la capitale de la République centrafricaine et sa ville la plus importante.

Le climat y est chaud, avec une saison des pluies qui s'étend de juin à octobre. La pluie tombe principalement dans le sud. Comme les routes sont souvent submergées par les pluies torrentielles et qu'il n'existe aucun chemin de fer, les habitants doivent se déplacer en bateau sur les nombreuses rivières.

Les habitants parlent plusieurs langues différentes, et la plupart pratiquent des religions africaines locales. Près du quart des Centrafricains sont chrétiens. Les villageois pratiquent la chasse, la pêche et l'agriculture pour subsister. Certaines grandes fermes cultivent le café, le coton et le caoutchouc, mais il existe peu d'usines et le pays est très pauvre.

À la fin du XIXe siècle, la République centrafricaine est devenue une colonie française. Elle est devenue indépendante en 1960 et le peuple a alors pris le contrôle de son propre pays. Toutefois, ce pays n'a pas toujours été paisible. Des révoltes contre le gouvernement ont continué jusqu'au XXIe siècle.

Coup d'œil sur la République centrafricaine

Capitale : Bangui.

Superficie : 622 984 km² (240 535 mi²).

Population : *Estimation actuelle*— 4 157 000; densité de population : 7 habitants par km² (17 par mi²); répartition : 59 % en milieu rural, 41 % en milieu urbain. *Estimation officielle du gouvernement en 2003* — 3 859 139.

Langue officielle : le français.

Principaux produits : *Agriculture*— arachides, bananes, bétail, café, caoutchouc, coton, grains de palme, ignames, sésame. *Foresterie*— bois d'œuvre. *Mines*— diamants, or.

Monnaie : *Unité de base*— le franc CFA. CFA signifie coopération financière en Afrique centrale.

Forme de gouvernement : république.

Climat : chaud toute l'année, avec une saison des pluies de juin à octobre.

La République centrafricaine et ses voisins

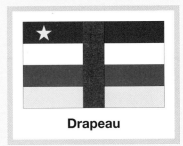

Drapeau

Coup d'œil sur la République dominicaine

Capitale : Saint-Domingue.

Superficie : 48 511 km² (18 730 mi²). *Distances les plus grandes* — est-ouest : 388 km (240 mi); nord-sud : 274 km (170 mi). *Littoral* — 972 km (604 mi).

Population : *Estimation actuelle* — 9 290 000; densité de population : 191 habitants par km² (495 par mi²); répartition : 64 % en milieu urbain, 36 % en milieu rural. *Recensement de 2002* — 8 562 542.

Langue officielle : l'espagnol.

Principaux produits : *Agriculture* — avocats, bananes, cacao, café, canne à sucre, mangues, riz, tabac. *Mines* — nickel, or. *Industrie manufacturière* — mélasse, sucre, vêtements.

Monnaie : *Unité de base* — le peso dominicain. Le peso est divisé en cent centavos.

Forme de gouvernement : république démocratique.

Climat : chaud, avec une saison des pluies de mai à novembre dans le sud et de décembre à avril dans le nord. Ouragans de temps à autre.

Drapeau

La République dominicaine est un pays des Antilles. Elle constitue la partie orientale de l'île d'Hispaniola. Elle est bordée à l'est par Haïti. L'océan Atlantique est situé au nord et la mer des Caraïbes au sud. Santo Domingo est la capitale du pays et sa ville la plus importante.

Près des trois quarts des habitants de Santo Domingo ont des ancêtres africains noirs et des ancêtres européens blancs. Environ le dixième des habitants est noir, et les autres sont blancs. La plupart des Dominicains parlent espagnol.

Près de deux personnes sur trois vivent dans les villes. La plupart d'entre eux travaillent dans des usines, travaillent dans l'administration ou pratiquent la pêche. La plupart des habitants de la campagne travaillent dans des fermes.

La République dominicaine est montagneuse. On y trouve des régions désertiques à l'ouest et des forêts de pins au nord. Une plaine, la Vega Real, est la plus grande région agricole du pays.

Christophe Colomb a emmené les premiers pionniers espagnols permanents dans la République dominicaine en 1493. Au XVIIᵉ siècle, de nombreux Européens provenant d'autres pays sont venus s'y établir. L'Espagne a remis la partie occidentale de l'île à la France en 1697. Cette partie est plus tard devenue Haïti.

Au début du XIXᵉ siècle, des esclaves noirs d'Haïti ont pris le contrôle de l'ensemble de l'île. Les chefs dominicains se sont révoltés contre Haïti en 1844.

Pendant des années, les dictateurs militaires et d'autres chefs ont lutté pour prendre le contrôle du pays. En 1965, la population a mis fin aux combats. Depuis 1966, elle élit son président et ses représentants.

La République dominicaine et ses voisins

République tchèque

La République *tchèque* est un pays du centre de l'Europe. Elle est située entre l'Allemagne et la Slovaquie; la Pologne est au nord et l'Autriche est au sud. Prague est la capitale de la République tchèque et sa ville la plus importante.

Géographie. La République tchèque est un pays très varié. La partie nord et la partie ouest du pays ont des montagnes élevées couvertes de grandes forêts, ainsi que de magnifiques parcs naturels. On se rend en montagne pour skier et pour fréquenter les spas, des endroits où les gens se baignent dans l'eau chaude qui sort du sol en bouillonnant. La partie centrale du pays comprend des plaines élevées ainsi que des collines aux douces ondulations. Elle jouit aussi de riches terres agricoles ainsi que de villes industrielles importantes. Les fermiers produisent des récoltes et élèvent des animaux dans les régions plates et peu élevées du sud et de l'est.

Population. La plupart des habitants de la République tchèque sont des Tchèques. Aujourd'hui, des Moraves, des Slovaques et de petits nombres d'Allemands, de Roma (Tsiganes), de Hongrois et de Polonais vivent également en République tchèque.

Avant la Deuxième Guerre mondiale (1939–1945), de nombreux Juifs habitaient en Tchécoslovaquie. Ils ont presque tous été tués par les Nazis pendant la guerre. Les Nazis contrôlaient l'Allemagne entre 1933 et 1945. Ils ont conquis la Tchécoslovaquie en 1938 et en 1939, et ils ont déclenché la Deuxième Guerre mondiale en 1939.

Aujourd'hui, entre 5 000 et 10 000 Juifs habitent en République tchèque.

Ressources et produits.

Environ la moitié des travailleurs de la République tchèque ont des emplois dans les entreprises de services. Celles-ci comprennent les magasins, les hôtels, les hôpitaux, les banques, et les entreprises qui

La République tchèque et ses voisins

Coup d'œil sur la République tchèque

Capitale : Prague.

Superficie : 78 864 km² (30 450 mi²). *Distances les plus grandes*— est-ouest : 491 km (305 mi); nord-sud : 282 km (175 mi).

Population : *Estimation actuelle*— 10 205 000; densité de population : 129 habitants par km² (335 par mi²); répartition : 75 % en milieu urbain, 25 % en milieu rural. *Recensement de 2001* — 10 230 060.

Langue officielle : le tchèque

Principaux produits : *Agriculture*— avoine, betterave à sucre, blé, bovins, colza, houblon, moutons, maïs, orge, porcins, pomme de terre, seigle, volaille. *Industrie manufacturière*— chaussures, fer et acier, textiles, verre. *Mines*— charbon.

Monnaie : *Unité de base*— la couronne tchèque. La couronne est divisée en cent haleru.

Forme de gouvernement : démocratie parlementaire.

Climat : étés chauds et hivers froids dans la plupart des régions; les basses terres sont plus chaudes que les régions montagneuses.

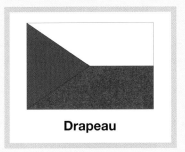

Drapeau

République tchèque, suite

achètent ou vendent des terrains. Un autre groupe important de travailleurs œuvre dans les usines. Ces personnes fabriquent des produits tels que des textiles, des chaussures et du verre.

Histoire. En 1918, à la fin de la Première Guerre mondiale (1914–1918), les régions qui sont aujourd'hui la République tchèque et la Slovaquie faisaient partie du pays appelé Tchécoslovaquie. De 1948 à 1989, la Tchécoslovaquie était sous le contrôle des communistes. Le communisme est un système sous lequel la plus grande partie des biens et des entreprises appartiennent au gouvernement. Sous le régime communiste, l'économie de la Tchécoslovaquie était prospère. Toutefois, de nombreuses personnes étaient quand même mécontentes du gouvernement, car elles souhaitaient avoir plus de liberté. En 1989, les principaux dirigeants communistes du pays ont quitté le pouvoir. Des non-communistes ont pris le contrôle du gouvernement et des élections ont eu lieu.

Le passage à un gouvernement non communiste n'a pas satisfait tout le monde. En raison de ce changement, la Slovaquie comptait un nombre beaucoup plus élevé de personnes sans emploi que les régions tchèques. Il existait de la jalousie entre les Tchèques et les Slovaques, bien qu'un grand nombre d'entre eux veuillent quand même garder leur pays uni. Au milieu de 1992, les dirigeants tchèques et les chefs slovaques ont décidé de séparer la Tchécoslovaquie en deux pays, un pour les Tchèques et l'autre pour les Slovaques. Le 1er janvier 1993, la République tchèque et la Slovaquie ont été constituées et ont ainsi remplacé la Tchécoslovaquie.

Prague, en République tchèque

Requin

Le requin est un animal qui se nourrit de poissons; c'est un des animaux marins que l'on craint le plus. On trouve des requins dans tous les océans du monde, mais la plupart vivent dans les mers chaudes.

Il existe environ 370 espèces de requins. Ils sont de tailles différentes et ils ont des comportements différents. Le plus gros des requins, le requin-baleine, est également le plus gros de tous les poissons. Certains requins-baleines atteignent une longueur de 12 mètres (40 pieds) et pèsent deux fois plus qu'un éléphant. Les plus petits requins ont une longueur d'environ 16 centimètres (6 pouces) et pèsent environ 28 grammes (1 once). Un des requins à l'apparence la plus étrange est le requin-marteau. Il est pourvu d'une tête aplatie qui ressemble à un marteau. Ses yeux et ses narines forment les extrémités du « marteau ».

Certaines espèces de requins vivent dans les régions les plus profondes de l'océan. D'autres préfèrent vivre près de la surface de l'eau. Certains requins restent près de la terre ferme, mais d'autres nagent à de grandes distances au large. Quelques espèces de requins pénètrent dans les rivières et les lacs à partir de la mer. Une espèce de requin vit spécifiquement dans les rivières de l'Inde et du Pakistan.

Requin-marteau

Les rémoras sont de petits poissons qui se fixent aux requins et qui se nourrissent des aliments que ceux-ci laissent. Ils enlèvent également les minuscules parasites qui se trouvent sur le requin. Les poissons-pilotes nagent également autour du requin, à la recherche de restes de poisson.

Requin baleine

Requin

Requin gris de récif

Tous les requins sont des carnivores, c'est-à-dire qu'ils se nourrissent de viande. La plupart d'entre eux mangent des poissons vivants, y compris d'autres requins. La plupart des requins mangent des poissons entiers, ou ils en arrachent de gros morceaux de chair. Certains requins écrasent le poisson avant de le manger. D'autres arrachent de petits morceaux de chair des gros poissons. Les requins se nourrissent également d'animaux morts ou mourants. Les requins, particulièrement les requins-marteaux et les requins blancs, attaquent parfois les humains. Toutefois, chaque année, on ne compte qu'environ 100 attaques de requin déclarées partout dans le monde.

Le corps d'un requin

La plupart des requins ont un corps allongé en forme de torpille. Leurs deux ailerons latéraux sont raides. Beaucoup de requins ont également une queue recourbée. Cette queue aide le requin à nager. Par contre, les anges de mer ont le corps plat. Ils glissent le long du fond de l'océan. Les petites écailles qui couvrent le corps d'un requin rendent sa peau très rugueuse. La peau de requin séchée était autrefois utilisée comme papier abrasif.

La bouche de la plupart des requins est située sous sa tête. Les requins possèdent plusieurs rangées de dents. De nouvelles dents poussent et remplacent les anciennes. Certains requins ont des nouvelles dents qui poussent chaque semaine. Certaines espèces de requins possèdent des dents courtes et plates pour broyer leurs aliments, et d'autres ont des dents acérées et coupantes. D'autres ont les dents pointues. Certaines personnes croient que le requin doit se tourner sur le dos pour mordre, mais cela est faux.

Les requins possèdent plusieurs rangées de dents. Les nouvelles dents poussent et remplacent les anciennes.

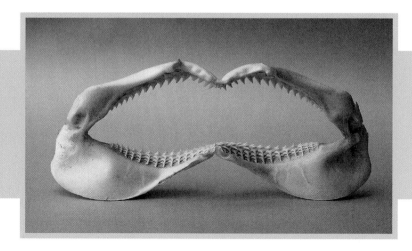

Derrière leurs yeux, les requins ont de cinq à sept fentes dans la peau, de chaque côté de la tête. Ces fentes sont appelées ouïes. Les requins utilisent leurs ouïes pour respirer sous l'eau.

Les requins ont des sens aiguisés. Ils entendent très bien, et ils peuvent trouver un poisson à manger grâce au son produit par celui-ci. Les requins ont également de bons yeux. Ils voient bien même lorsque l'éclairage est faible.

Certains requins sont des nageurs rapides. Ils peuvent nager et accélérer rapidement lorsqu'ils sont excités. La plupart des requins doivent nager sans arrêt, sans quoi ils coulent.

Grand requin blanc

Les requins et la sécurité

Plus de la moitié des espèces de requins ne sont pas dangereuses pour les humains. Lorsqu'une personne est attaquée par un requin, elle n'est généralement pas gravement blessée.

Les requins blancs comptent parmi les requins les plus dangereux. Ils possèdent des dents acérées avec des arêtes coupantes, et ils peuvent arracher des morceaux de chair des animaux. Les requins blancs sont de très bons nageurs. Ils chassent les gros animaux, tels que les otaries, les thons et d'autres requins. On sait qu'ils ont attaqué des humains et même des bateaux. Les scientifiques pensent que les requins blancs attaquent les humains parce que pour eux, les humains ressemblent à des phoques.

Les scientifiques ne savent pas pourquoi les requins attaquent les humains à certains moments et les laissent tranquilles à d'autres. Les nageurs doivent toujours être prudents dans les régions où vivent des requins.

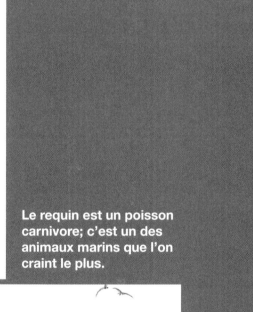

Le requin est un poisson carnivore; c'est un des animaux marins que l'on craint le plus.

Requin

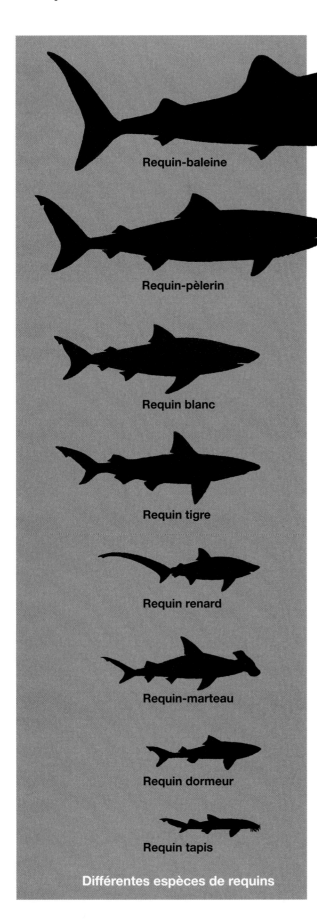

Requin-baleine

Requin-pèlerin

Requin blanc

Requin tigre

Requin renard

Requin-marteau

Requin dormeur

Requin tapis

Différentes espèces de requins

Voici quelques règlements de sécurité pour les personnes qui nagent dans des eaux où on peut trouver des requins :

Il ne faut jamais nager ou plonger seul.

Il ne faut jamais nager ou plonger en cas de blessure ou de coupure ouverte sur le corps. Les requins sont attirés par le sang.

Il ne faut jamais nager ou plonger la nuit ou dans l'eau sale, où il est difficile de voir les requins.

Il faut sortir immédiatement de l'eau si on voit un requin. Il faut nager le plus doucement possible. Si on fait des mouvements saccadés ou désordonnés, le requin pourrait suivre la personne.

Il ne faut jamais saisir ou blesser un requin, même pas un petit requin.

Comment les requins sont utilisés

Les équipages de pêche attrapent les requins principalement pour leur peau, pour leurs ailerons et pour leur chair. La peau de requin est utilisée pour fabriquer de beaux produits en cuir. Les Chinois utilisent les ailerons de requin séchés pour préparer une soupe appréciée et coûteuse. Des gens dans de différentes parties du monde mangent du requin. En Angleterre, certains requins sont souvent utilisés pour préparer leur fameux plat : le poisson-frites. La plupart des Nord-Américains ne mangent pas de requin.

Des équipages ont également pêché le requin pour l'huile que contient son foie. Cette huile empêche le requin de couler. Elle contient également de grandes quantités de vitamine A. L'huile de foie de requin était autrefois une source importance de cette vitamine. Aujourd'hui, les gens obtiennent leur vitamine A d'autres sources.

Depuis la fin des années 1950, on utilise de plus en plus les requins pour la recherche médicale. Les chercheurs médicaux montrent un grand intérêt envers les requins parce qu'on a trouvé peu de requins atteints de cancer. Les scientifiques espèrent apprendre comment les requins combattent cette maladie.

Respiration

La respiration est la manière dont les êtres humains et les autres êtres vivants absorbent et utilisent l'oxygène dont ils ont besoin pour vivre. L'oxygène est un gaz contenu dans l'air qui nous entoure. La respiration consiste également à se débarrasser du dioxyde de carbone. Le dioxyde de carbone est un gaz produit lorsque les êtres vivants utilisent l'oxygène.

Le corps a besoin d'énergie pour pouvoir fonctionner. Le corps utilise l'oxygène pour produire de l'énergie. Il produit également du dioxyde de carbone et de l'eau. Le dioxyde de carbone et l'eau sont des déchets.

Les animaux absorbent l'oxygène de leur environnement et ils le transportent jusqu'à leurs cellules. Le dioxyde de carbone est ensuite transporté hors des cellules. Il est expulsé dans l'air ou dans l'eau.

Les êtres humains et beaucoup d'autres animaux absorbent l'oxygène et se débarrassent du dioxyde de carbone en respirant. Les poumons sont les parties du corps que l'on utilise pour respirer. Les poumons se trouvent dans la poitrine. Beaucoup d'animaux qui vivent dans l'eau, tels que les poissons, ont des branchies et non des poumons. Les branchies sont pourvues de parois minces qui laissent passer l'oxygène contenu dans l'eau qui traverse les branchies.

Dans de nombreuses plantes, l'oxygène et le dioxyde de carbone peuvent entrer dans les racines et les tiges et en sortir en passant par les couches externes des cellules. Toutefois, la majeure partie de l'échange de gaz chez les plantes s'effectue au travers de petits orifices dans les feuilles, appelés *stomates*.

Autres articles à lire : **Oxygène; Poumon**

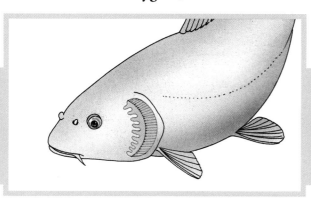

Les poissons et de nombreux autres animaux aquatiques possèdent des branchies au lieu de poumons.

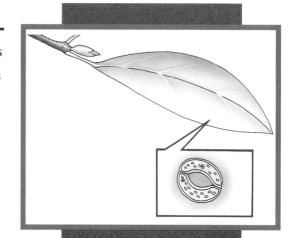

Chez les plantes, les gaz entrent et sortent en général par de minuscules orifices dans la feuille, appelés stomates.

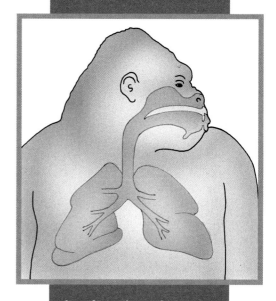

Les êtres humains et certains animaux possèdent des poumons qui permettent d'inspirer et d'expirer des gaz.

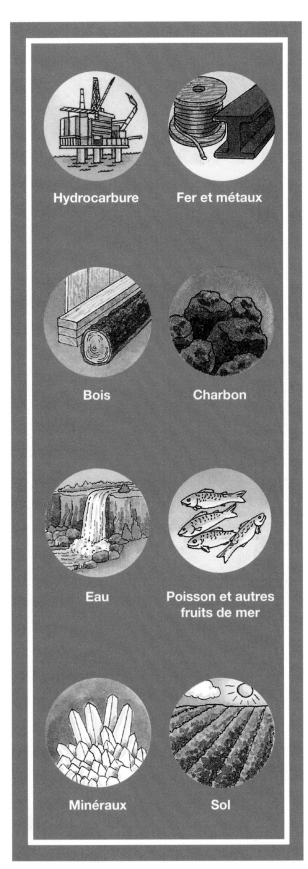

Hydrocarbure

Fer et métaux

Bois

Charbon

Eau

Poisson et autres
fruits de mer

Minéraux

Sol

Ressources naturelles

Les ressources naturelles sont des matériaux que l'on trouve dans la terre ou sur la terre et qui sont essentiels pour la vie. Le sol, l'eau, la pierre, le sable, les métaux et le pétrole sont des ressources naturelles. Les êtres vivants tels que les fleurs, les arbres, les oiseaux, les animaux sauvages et les poissons sont également des ressources naturelles. L'air, la lumière du soleil et le climat sont également des ressources naturelles.

Les ressources naturelles sont utilisées comme aliments, comme combustibles et comme matières brutes (des substances utilisées pour fabriquer d'autres choses). Par exemple, tous les aliments que nous mangeons proviennent de plantes ou d'animaux, et les plantes et les animaux ont besoin d'air, de la lumière du soleil et d'eau. De plus, nous utilisons le bois des arbres comme matériau pour bâtir nos maisons et comme combustible. Les combustibles minéraux, tels que le charbon, le pétrole et le gaz naturel, fournissent de la chaleur, de la lumière et de l'énergie. Les minéraux fournissent également les matières brutes que l'on utilise pour fabriquer des objets tels que des plastiques, des voitures et des réfrigérateurs.

Puisque la vie sur la Terre dépend des ressources naturelles, beaucoup de personnes se demandent si nous en aurons toujours assez. Nous devons apprendre à utiliser les ressources naturelles judicieusement, afin qu'elles durent longtemps. Par exemple, de meilleures méthodes agricoles aident les fermiers à produire plus de nourriture. Nous pouvons également utiliser de l'énergie solaire au lieu de combustibles minéraux.

Nous pouvons tous faire quelque chose pour conserver les ressources naturelles de la planète. Le recyclage du papier aide à sauver des arbres. Le fait de conduire de plus petites voitures, qui consomment moins d'essence, aide à économiser des combustibles minéraux. Si on évite de gaspiller l'eau, il y en aura assez pour tout le monde.

Autres articles à lire : **Air; Animal; Combustible; Conservation; Eau; Équilibre naturel; Espèce en voie de disparition; Forêt; Minéral; Parc national; Plante; Pollution environnementale; Recyclage; Sol; Soleil; Temps**

Rêve

Les rêves sont des récits que les personnes semblent regarder ou auxquels ils semblent prendre part pendant leur sommeil. Tout le monde rêve, mais certaines personnes ne se rappellent jamais leurs rêves.

Les rêves racontent généralement une histoire. Les gens ne peuvent généralement pas contrôler ce qui se passe dans leurs rêves. Mais parfois, une personne sait qu'elle est en train de rêver. Elle réussit même parfois à changer ce qui se passe dans ses rêves sans se réveiller.

Dans la plupart des rêves, les gens voient. Ils peuvent également entendre, sentir, toucher et goûter des choses. La plupart des rêves sont en couleurs, mais parfois les gens se rappellent mal les couleurs.

Le cerveau reste actif même pendant le sommeil. Le cerveau émet des ondes électriques. En les mesurant, les scientifiques peuvent étudier l'activité du cerveau. Pendant le sommeil, les ondes cérébrales sont généralement amples et lentes. Mais parfois, elles deviennent plus petites et plus rapides. Lorsque cela se produit, les yeux du dormeur se déplacent rapidement. C'est au cours de cette période que la plupart des rêves se produisent. Une personne qui se réveille pendant cette phase du sommeil se rappellera probablement de ses rêves.

Les scientifiques ne savent pas vraiment pourquoi les gens rêvent. Certains pensent que les rêves aident le cerveau à former des souvenirs, à se montrer attentif et à apprendre. Certains *psychologues* et d'autres personnes qui étudient le fonctionnement de l'esprit pensent que les sentiments cachés d'une personne ressortent dans ses rêves. Ils sont convaincus que les rêves peuvent aider les gens à mieux se comprendre.

Un rêve est une histoire qu'une personne regarde ou à laquelle elle participe pendant son sommeil.

Revere, Paul

Paul Revere (1735–1818) était un Américain qui a transmis à la ville de Lexington, au Massachusetts, en avril 1775, l'avertissement que les troupes britanniques arrivaient. Les Britanniques, qui gouvernaient les colonies américaines à cette époque, étaient mécontents que les colons ne suivent pas leurs ordres. Les troupes britanniques ont donc reçu l'ordre de prendre ou de détruire les armes et le matériel américains dans la ville de Concord et de capturer certains chefs, appelés patriotes, à Lexington. Paul Revere a entendu parler du plan britannique, qui devait être secret. Paul Revere est monté à cheval pour avertir les chefs américains de l'arrivée des Britanniques. Près de 100 ans plus tard, Henry Wadsworth Longfellow a écrit le célèbre poème « Paul Revere's Ride ».

Paul Revere

Les batailles de Lexington et de Concord ont marqué le début de la Révolution américaine (1775–1783). Paul Revere a grandement contribué à cette guerre. Il a également continué à travailler comme orfèvre à Boston, où il est né. Les artisans copient encore le magnifique style de son argenterie. Paul Revere a également produit des canons et des cloches en bronze. Plusieurs de ses cloches sont encore utilisées en Nouvelle-Angleterre.

Révolution américaine

La Révolution américaine (1775–1783) a entraîné la fondation d'un nouveau pays, les États-Unis. La Révolution américaine est une guerre qui a opposé la Grande-Bretagne à ses Treize Colonies en Amérique du Nord. Une colonie est un territoire contrôlé par un autre pays.

La Grande-Bretagne et les colonies américaines connaissaient des problèmes depuis des années avant le début de la Révolution américaine. À partir du milieu des années 1760, le gouvernement britannique a voté des lois pour accroître son contrôle sur les colonies. Toutefois, les Américains s'étaient habitués à s'occuper d'eux-mêmes, et ils n'aimaient pas les nouvelles lois. Ils détestaient particulièrement les lois sur l'impôt, qui avaient été adoptées sans leur consentement. Le Parlement britannique avait adopté ces lois afin de forcer les colonies à payer leur propre défense. Le gouvernement britannique s'est mis en colère contre les colonies lorsque celles-ci ont résisté aux nouvelles taxes.

Bataille de Bunker Hill

La Révolution américaine a commencé le 19 avril 1775. Ce jour-là, les soldats et les Américains ont commencé à s'affronter à Lexington, dans le Massachusetts, et dans la ville voisine de Concord. La guerre a duré huit ans. Le 3 septembre 1783, la Grande-Bretagne a signé le traité de Paris. Ce document important indiquait que les États-Unis n'étaient plus sous contrôle britannique. La Révolution américaine est devenue un exemple pour les peuples des autres territoires qui ont, par la suite, lutté pour obtenir leur indépendance.

Autres articles à lire : **Adams, Samuel; Déclaration d'Indépendance; Hancock, John; Jones, John Paul; Revere, Paul; Treize Colonies; Washington, George**

Révolution française

La Révolution française a été une guerre civile au cours de laquelle le peuple français a combattu son gouvernement. Elle a duré de 1789 à 1799.

Avant la révolution, les Français estimaient que le roi était roi de droit divin. Les familles de haut rang et les religieux étaient également investis de droits particuliers. La plupart des gens du peuple étaient très pauvres. Ils n'appréciaient pas le fait que d'autres groupes possèdent certains droits et privilèges.

En juin 1789, le peuple de France a commencé à se révolter contre ses dirigeants. Le 14 juillet 1789, une grosse foule de gens a attaqué et pris la Bastille, une forteresse royale située à Paris. Au cours des quelques années qui ont suivi, de nombreuses personnes de haut rang ont été mises à mort. En 1793, Louis XVI, le roi de France, a été exécuté.

Les chefs de la révolution ont apporté de nombreux changements au gouvernement de la France. Ils ont fait du pays une république. Dans une république, le peuple élit ses dirigeants. Mais la république n'a pas duré longtemps. Les dirigeants ont lutté les uns contre les autres pour obtenir le pouvoir. Les tribunaux ont condamné à mort des millers de personnes, en particulier celles qui s'opposaient à la révolution. Une de ces victimes était Marie-Antoinette, la veuve du roi Louis XVI. Cette période d'exécutions et de violence a été surnommée la *Terreur*. Finalement, un général français, Napoléon Bonaparte, a pris le pouvoir en 1799, ce qui a marqué la fin de la révolution.

Autres articles à lire : **France; Napoléon Ier**

La Révolution française a éclaté en 1789. Cette image représente le peuple français attaquant la Bastille, un fort militaire situé à Paris.

Révolution industrielle

La Révolution industrielle était à la fois une époque et une série de changements qui ont modifié la façon dont les gens vivaient et travaillaient. Ces changements se sont produits au cours du XVIIIe siècle et au début du XIXe siècle. Pendant cette époque, les gens ont commencé à utiliser certaines sortes de machines pour effectuer du travail. Ces machines fonctionnaient grâce à des combustibles tels que la vapeur ou le charbon. Avant la Révolution industrielle, les gens travaillaient à la main ou à l'aide de machines simples.

La Révolution industrielle a commencé en Grande-Bretagne au cours du XVIIIe siècle. Elle s'est répandue à d'autres parties de l'Europe et en Amérique du Nord à partir du début du XIXe siècle.

Avant la Révolution industrielle, la plupart des gens travaillaient chez eux, dans les fermes ou dans de petits ateliers villageois. Les ouvriers fournissaient la plus grande partie de l'énergie nécessaire à la fabrication d'objets. Les roues hydrauliques (qui utilisent de l'eau) produisaient également de l'énergie.

Au XVIIIe siècle, les gens ont commencé à vouloir acheter davantage de produits. Les commerçants ont commencé à rechercher des façons économiques de produire des choses. Vers la même époque, la machine à vapeur a été inventée, ainsi que des métiers à filer pour produire de l'étoffe. De nouvelles façons de fabriquer du fer ont également été découvertes.

Ces nouvelles machines, ainsi que les ouvriers nécessaires pour les faire fonctionner, ont été réunis pour la première fois dans des usines. Les usines ont commencé à produire de grandes quantités de biens à moindre coût. Rapidement, le monde s'est transformé, passant d'un environnement constitué de fermes et de villages dont les habitants travaillaient chez eux à un environnement où la plupart des gens vivaient dans des villes et travaillaient dans des usines.

Autres articles à lire : **Charbon; Chemin de fer; Invention; Usine**

Usines pendant la Révolution industrielle

Fumée des cheminées d'usines

Revue

Une revue est un recueil d'histoires et d'articles que les gens peuvent lire. Les revues contiennent souvent des histoires vraies et des images. Certaines contiennent des poèmes, des caricatures et des photos. D'autres contiennent des histoires inventées, écrites par différentes personnes. La plupart des revues sont publiées une fois par semaine ou une fois par mois.

Des milliers de revues sont publiées aux États-Unis et au Canada. Certaines revues proposent des informations sur des sujets particuliers, tels que la mode, les affaires, les sports, l'actualité ou la science.

Les revues, comme les journaux, contiennent des articles écrits par plusieurs auteurs différents. Toutefois, les revues ne traitent pas beaucoup l'actualité quotidienne comme le font les journaux. Les revues sont également faites pour durer plus longtemps. La plupart d'entre elles sont imprimées sur du papier plus résistant, et elles ont généralement un format plus petit que les journaux. La plupart des revues possèdent également des couvertures intéressantes aux couleurs vives.

L'une des premières revues publiées en Angleterre était *The Gentleman's Magazine*, qui a paru de 1731 à 1914. Au début, cette revue reprenait des histoires vraies ou des articles qu'elle tirait de livres. Plus tard, elle a commencé à publier des histoires nouvelles. La première revue américaine a commencé à paraître dans les années 1740. Elle traitait de la politique dans les Treize colonies américaines.

Les kiosques à journaux vendent différents types de revues.

Rhin

Le Rhin est l'une des voies d'eau les plus fréquentées au monde. C'est également la voie d'eau intérieure la plus importante d'Europe. Le Rhin naît dans les Alpes pour se jeter dans la mer du Nord. Les Alpes sont la plus importante chaîne de montagnes de l'Europe.

Un grand nombre de villes portuaires sont situées sur les rives du Rhin, et plusieurs châteaux surplombent la vallée du Rhin. Ces châteaux ont été bâtis pour se protéger pendant le Moyen-Âge, une époque où les pays européens se faisaient souvent la guerre.

Le Rhin fait partie d'un grand nombre de légendes allemandes. Une de ces histoires parle d'une haute falaise appelée la Lorelei. La légende affirme que l'écho qu'on y entend est la voix de la Lorelei, une nymphe (ou esprit) du fleuve, qui attire les marins avec sa voix magnifique, les faisant périr.

Rhin

Rhinocéros

Le rhinocéros est l'un des plus gros animaux terrestres. Certaines espèces de rhinocéros peuvent atteindre un peu plus de 1,8 mètre (6 pieds) de hauteur et peser environ 3 200 kilogrammes (7 000 livres).

Le rhinocéros est apparenté au cheval. Il a un corps trapu, des pattes courtes et une peau épaisse ridée vis-à-vis des articulations. Il existe cinq espèces de rhinocéros. La plupart des espèces sont presque dépourvues de poils. Les rhinocéros possèdent une ou deux cornes droites sur le museau. Les cornes sont faites d'une substance qui ressemble à un mélange de poils et d'ongles.

On trouve des rhinocéros sauvages en Afrique, au sud-est de l'Asie ainsi que sur quelques grosses îles près de l'Asie. Ils se nourrissent d'herbe, de branches feuillues et de buissons. À l'exception des êtres humains, ils ont peu d'ennemis. Un grand nombre de rhinocéros ont été tués pour leurs cornes, qui, selon certaines personnes, possèdent des pouvoirs magiques. Les cinq espèces de rhinocéros sont toutes en voie d'extinction.

Rhinocéros

Rhode Island

Rhode Island

Drapeau de l'État

Sceau de l'État

Rhode Island

Le Rhode Island est un État de la Nouvelle-Angleterre, aux États-Unis. Il se situe sur les rives de la baie de Narragansett, qui fait partie de l'océan Atlantique, entre le Connecticut et le Massachusetts. Le Rhode Island est surnommé *Ocean State* parce que la baie de Narragansett le coupe pratiquement en deux. L'État compte 36 îles. Parce qu'il est le plus petit État américain, le Rhode Island est souvent surnommé *Little Rhody*.

Providence est la capitale de l'État et sa ville la plus importante. De nombreux bâtiments de Providence remontent à l'époque où le Rhode Island était une colonie britannique.

Warwick est la deuxième ville du Rhode Island selon la taille. Elle est située au sud de Providence, sur les rives de la baie de Narragansett. Newport est une ville reconnue pour ses grandes et magnifiques résidences.

Géographie

Le littoral atlantique du Rhode Island est bordé de plages sablonneuses et de plaines. Il est également parsemé de nombreux petits étangs peu profonds appelés lagunes. Des falaises abruptes et rocailleuses s'élèvent le long des rives des îles de la baie.

Dans le nord-ouest du Rhode Island, on trouve des lacs bleus transparents, des étangs et des réservoirs parmi des collines. Un

The Breakers, une magnifique demeure de Newport, dans le Rhode Island

réservoir est un plan d'eau formé lorsqu'un barrage est bâti sur une rivière.

Ressources et produits

Il y a peu de terres agricoles ou de minéraux dans le Rhode Island. La plus grande partie des revenus gagnés par les fermes provient de fleurs et de plantes de jardin. La pomme de terre est cultivée dans le sud de l'État. Les pommes sont la culture fruitière la plus importante. Les fermiers du Rhode Island font également l'élevage de vaches laitières, de poulets et de dindes. L'océan fournit du poisson, des homards, des palourdes et des calmars.

En dépit de sa petite taille, le Rhode Island est un État industriel important. C'est un centre important de production de bijoux et d'argenterie. Les usines du Rhode Island fabriquent également des produits tels que des boulons, les écrous, des raccords de tuyauterie, des machines, des ampoules électriques, des câbles et des instruments médicaux.

Autres articles à lire : **Treize Colonies**

Dates importantes de l'histoire du Rhode Island

Époque autochtone	Cinq tribus autochtones vivaient dans la région du Rhode Island à l'arrivée des Européens. Ces tribus sont les Narragansett, les Niantics, les Nipmucks, les Pequot et les Wampanoag.
1524	L'explorateur italien Giovanni da Verrazzano navigue dans la baie de Narragansett.
1636	Roger Williams fonde la ville de Providence.
1647	Les peuplements de Providence, de Portsmouth, de Newport et de Warwick s'unissent pour former la colonie du Rhode Island.
1774	Le gouvernement du Rhode Island adopte une loi disant qu'aucun esclave ne peut être introduit dans la colonie.
1776	Le Rhode Island déclare son indépendance de l'Angleterre.
1790	Le 29 mai, le Rhode Island devient le 13e État américain.
1843	Une nouvelle constitution d'État entre en vigueur. Elle donne le droit de vote à davantage d'habitants du Rhode Island.
Fin du XIXe siècle	Newport devient la demeure d'été de bon nombre des personnes les plus riches des États-Unis. Un grand nombre d'énormes demeures y sont construites.
1938	Un ouragan frappe le Rhode Island.
1969	Le pont de Newport, qui traverse la baie de Narragansett, est terminé. Ce pont relie Newport à Jamestown.
1990	Le Rhode Island célèbre son bicentenaire (ou 200e anniversaire) en tant qu'État.

Coup d'œil sur le Rhode Island

Capitale de l'État : Providence, la capitale depuis 1900. Le Rhode Island a eu cinq capitales différentes entre 1663 et 1854. Newport et Providence étaient capitales conjointes de 1854 à 1900.

Superficie : 3 142 km² (1 213 mi²), y compris 436 km² (168 mi²) d'eaux intérieures mais à l'exclusion de 47 km² (18 mi²) d'eaux côtières.

Population : 1 048 319.

Constitution en État : le 29 mai 1790, le 13e État.

Abréviations de l'État : R.I. (abréviation traditionnelle); RI (abréviation postale).

Devise de l'État : *Hope (Espoir)*.

Chanson officielle de l'État : « Rhode Island's It for Me », paroles de Charlie Hall, musique de Maria Day.

Les plus grandes villes du Rhode Island : Providence (173 618); Warwick (85 808); Cranston (79 269); Pawtucket (72 958); East Providence (48 688); Woonsocket (43 224).

Gouverneur : Mandat de 4 ans.

Sénateurs de l'État : 38; mandat de 2 ans.

Membres de la Chambre des représentants de l'État : 75; mandat de 2 ans.

Oiseau emblème de l'État Poule Rhode Island Red

Fleur emblème de l'État Violette

Rhume

Les rhumes sont des maladies qui causent le mal de gorge, la toux et la congestion nasale. Les rhumes peuvent également causer de la fièvre, des difficultés à respirer ainsi que des douleurs musculaires. Les personnes de tous les âges peuvent attraper des rhumes.

Les rhumes peuvent être causés par plus de 100 virus différents. Les virus sont de minuscules microbes. La plupart des rhumes durent quelques jours, mais un mauvais rhume peut durer plus longtemps. Les rhumes peuvent être dangereux parce qu'ils entraînent parfois d'autres maladies. Les rhumes peuvent être particulièrement dangereux pour les personnes âgées, ou encore pour les personnes atteintes de maladies pulmonaires ou de certaines autres maladies.

Il n'existe aucun remède contre le rhume, mais certains médicaments aident à soulager les symptômes qui l'accompagnent. Les médicaments antidouleur peuvent soulager les douleurs musculaires. Les gouttes pour le nez contribuent à faciliter la respiration. Une personne qui a la fièvre doit rester au lit. Cela donne à cette personne le repos dont elle a besoin et l'empêche de transmettre son rhume. Si un rhume dure longtemps ou s'il s'aggrave, il faut consulter un médecin.

Les médecins pensent que les gens attrapent le rhume en respirant les microbes transmis par d'autres personnes. Lorsqu'une personne qui a le rhume tousse ou éternue, de minuscules gouttelettes qui contiennent les microbes du rhume sont projetées dans l'air. Il faut toujours se couvrir la bouche et le nez lorsqu'on éternue ou qu'on tousse, puis se laver les mains.

Rhume

Rice, Condoleezza

Condoleezza Rice (1954–) est devenue secrétaire d'État des
États-Unis en 2005. Elle est devenue la première Afro-
Américaine à occuper ce poste. Rice a été conseillère nationale
pour la sécurité du président George W. Bush depuis 2001;
elle a été la première femme à détenir ce poste.

Condoleezza Rice est née à Birmingham, en Alabama, le
14 novembre 1954. Elle a enseigné les sciences politiques à
l'Université de Stanford. De 1993 à 1999, elle a été à la tête de
cette université. Rice a été la première femme et la première
personne afro-américaine à occuper ce poste.

Condoleezza Rice parle le russe, et elle est connue pour sa
connaissance de l'Union soviétique. En 1986, elle a été
conseillère auprès des Chefs d'état-major des États-Unis. En
1989, pendant l'administration du président George H. W.
Bush, elle a été nommée directrice des affaires soviétiques et
est-européennes du Conseil de sécurité nationale.

Condoleezza Rice

Richard, Maurice

Maurice Richard (1921–2000) se classe parmi les meilleurs
compteurs de buts de l'histoire de la Ligue nationale de hockey
(LNH). Pendant sa carrière, Maurice Richard a marqué 544 buts
et obtenu 421 assistances pour un total de 965 points en
978 parties en saison régulière. Sa vitesse et sa puissance à
l'offensive lui ont valu le surnom de « Rocket ».

Maurice Richard a été un ailier droit pour les Canadiens de
Montréal de la saison 1942–1943 jusqu'à la saison 1959–1960,
période pendant laquelle il a aidé les Canadiens à remporter huit
championnats de la Coupe Stanley. Au cours de la saison
1944–1945, Richard est devenu le premier joueur de l'histoire de
la LNH à marquer 50 buts dans la même saison. Il a reçu le
trophée Hart du joueur le plus utile de la LNH en 1947.

Maurice Richard est né le 4 août 1921 à Montréal Il a été
admis au Temple de la renommée du hockey en 1961. Il est mort
le 27 mai 2000.

Maurice Richard

Sally Ride

Ride, Sally Kristen

Sally Kristen Ride (1951–) était une astronaute américaine, et la première femme américaine à être allée dans l'espace. En juin 1983, elle et quatre autres astronautes ont accompli une mission de six jours à bord de la navette spatiale Challenger. Pendant le vol, Sally Ride a aidé à lancer des satellites et à faire des expériences scientifiques. Sally Ride a volé une deuxième fois à bord de la navette spatiale en octobre 1984.

Sally Ride est née à Los Angeles. En 1978, elle a été sélectionnée pour recevoir la formation d'astronaute. Sally Ride a quitté le programme spatial en 1987 pour enseigner à l'université Stanford en Californie.

Riel, Louis

Louis Riel

Louis Riel (1844–1885), un Canadien d'ascendance mixte française et autochtone, a pris la tête de deux combats contre le gouvernement canadien au XIXe siècle. Il était le chef d'un groupe de personnes d'ascendance mixte blanche et autochtone, que l'on appelle *Métis*. La première rébellion des Métis a eu lieu au Manitoba en 1869, parce qu'ils craignaient que les colonisateurs blancs s'emparent de leurs terres. Louis Riel a pris la tête de cette rébellion, appelée rébellion de la rivière Rouge. Les troupes du gouvernement ont mis fin à la révolte en 1870. Louis Riel s'est enfui et a été déclaré hors-la-loi. Il s'est établi au Montana.

Dans les années 1880, les Métis, cette fois en Saskatchewan, ont de nouveau commencé à craindre qu'on s'empare de leurs terres. Ils ont demandé à Louis Riel de revenir au Canada pour prendre la tête d'une nouvelle rébellion. En 1885, Louis Riel a dirigé une nouvelle révolte des Métis, appelée la rébellion du Nord-Ouest. Les troupes du gouvernement ont écrasé cette rébellion en trois mois. Louis Riel s'est rendu. Il a été déclaré coupable de trahison et il a été pendu le 16 novembre 1885.

Autres articles à lire : **Dumont, Gabriel**

Rio de Janeiro

Rio de Janeiro est la deuxième plus grande ville du Brésil, en Amérique du Sud. Seule São Paulo compte plus d'habitants. Rio de Janeiro est souvent appelée tout simplement « Rio ». Rio est la capitale de l'État de Rio de Janeiro, au sud-est du Brésil.

Rio de Janeiro est l'une des plus belles villes du monde. Rio est située entre des montagnes boisées et les eaux bleues de l'océan Atlantique et de la baie de Guanabara. Les rives sont bordées de plages de sable blanc et de palmiers. Une montagne appelée le Pain de sucre surplombe la baie.

Rio est une ville surpeuplée. Malgré tout, la plupart de ses habitants pensent que Rio est le plus bel endroit où vivre au Brésil. Rio est célèbre pour son carnaval. Le carnaval a lieu chaque année au printemps, juste avant le Carême. Le carnaval consiste en quatre jours et quatre nuits de défilés et de danse dans les rues.

Statue du Christ rédempteur au sommet du Pain de sucre, à Rio de Janeiro, au Brésil

Rio Grande

Le Rio Grande est un des plus longs fleuves de l'Amérique du Nord. Il traverse le sud-ouest des États-Unis. Les premiers explorateurs espagnols ont donné ce nom au fleuve. « *Rio Grande* » signifie « grand fleuve ». Les Mexicains l'appellent le *Rio Bravo,* ce qui signifie « fleuve audacieux », ou encore *Rio Bravo del Norte,* ce qui signifie « fleuve audacieux du nord ».

Le Rio Grande naît dans les Rocheuses, au Colorado. Il traverse le centre du Nouveau-Mexique avant de pénétrer au Texas. Dans cet État, le Rio Grande forme une partie de la frontière entre les États-Unis et le Mexique.

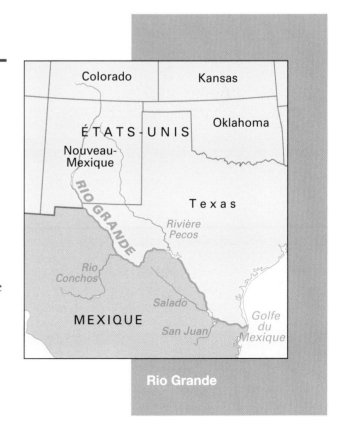

Rio Grande

Diego Rivera

Rivera, Diego

Diego Rivera (1886–1957) était un artiste mexicain. Il a connu la célébrité grâce à ses peintures murales, de grands tableaux peints directement sur les murs. Ses peintures murales représentaient la vie et l'histoire mexicaines.

Diego Rivera est né à Guanajuato, au Mexique. Au cours des années 1920, Rivera a commencé à faire des essais de fresques, c'est-à-dire une forme spéciale de peinture murale. En peu de temps, Diego Rivera a découvert son propre style de fresque. Il peignait de grandes figures simples en utilisant des couleurs vives. Certaines des plus belles peintures murales de Diego Rivera se trouvent au Palais national à Mexico et dans l'École nationale d'agriculture à Chapingo, près de Mexico. Frida Kahlo, la femme de Diego Rivera, était également une peintre mexicaine bien connue.

Autres articles à lire : **Kahlo, Frida**

Rivière

Une rivière est un grand cours d'eau qui coule sur la terre. Elle coule dans un grand canal.

La pluie fournit la majeure partie de l'eau dans les rivières. L'eau des rivières vient également de la neige et de la glace fondue, de sources ou du débordement d'un lac. Lorsqu'une rivière coule, les ruisseaux, les autres rivières et la pluie lui apportent encore de l'eau. À l'embouchure (au bout) d'une rivière, l'eau se déverse dans une rivière plus importante, dans un lac ou dans un océan.

Parce que le débit d'une rivière ralentit à l'embouchure, la terre transportée par la rivière s'accumule parfois à cet endroit. La terre s'accumule, formant une section appelée delta. Le delta s'étend jusque dans le lac ou l'océan où se déverse la rivière.

On trouve des rivières de toutes les tailles. Certaines sont si petites qu'elles s'assèchent pendant la saison sèche. D'autres sont assez longues pour traverser plusieurs pays. Ces très longues rivières sont parfois appelées des fleuves. Le plus long fleuve est le Nil, en Afrique. Le deuxième plus long est l'Amazone, en Amérique du Sud. Bien que le Nil soit plus long, l'Amazone apporte plus d'eau.

Les rivières sont importantes pour les êtres humains depuis des milliers d'années. Elles sont importantes pour le transport, c'est-à-dire le fait d'emporter des personnes ou des choses d'un endroit à l'autre. Elles sont également importantes pour le commerce, c'est-à-dire l'activité qui consiste à échanger des produits contre de l'argent ou d'autres choses. Des maisons et des villages ont été construits sur les rives de rivières ou de fleuves importants. Par exemple, les villes américaines de Minneapolis, de Saint Paul, de Saint Louis, de Memphis et de la Nouvelle-Orléans se situent toutes sur les rives du Mississippi.

Les rivières et les fleuves sont également importants pour l'agriculture. Le terrain qui longe une rivière est recouvert de terres très fertiles pour l'agriculture. Dans les régions sèches, les fermiers utilisent l'eau des rivières pour arroser leurs champs. Ils creusent des fossés pour apporter l'eau de la rivière vers les terres agricoles.

Les rivières et les fleuves sont également d'importantes sources d'énergie. La force de l'eau dans les chutes d'eau ou les autres endroits abrupts le long d'une rivière peut être utilisée pour faire fonctionner des machines et pour produire de l'énergie électrique. Aujourd'hui, l'eau contribue à produire une grande partie de l'énergie électrique dans le monde.

Les fortes pluies ou la fonte rapide de la neige fait parfois en sorte que les rivières débordent et causent des inondations. Les inondations peuvent emporter de grandes quantités de sol sur les terres agricoles, détruire des édifices, et blesser ou tuer des personnes ou des animaux.

Autres articles à lire : **Barrage; Canyon; Chute d'eau; Delta; Inondation; Vallée**

Parties d'un réseau hydrographique

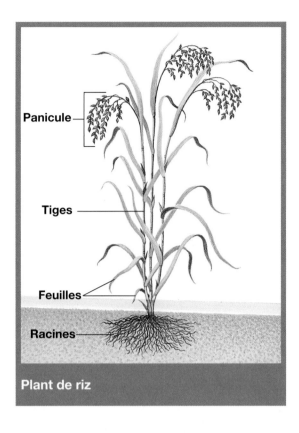

Panicule

Tiges

Feuilles

Racines

Plant de riz

José Rizal

Riz

Le riz est l'une des cultures alimentaires les plus importantes au monde. Pour plus de la moitié des habitants de notre planète, le riz est l'aliment principal de chaque repas.

Le riz est une céréale. Il appartient à la famille des herbes, comme le blé, le maïs et l'avoine. Toutefois, contrairement aux autres céréales, le riz est cultivé dans l'eau peu profonde. Le riz pousse bien dans de nombreuses régions tropicales en raison de leur climat chaud et humide. La Chine et l'Inde produisent près de la moitié de tout le riz produit dans le monde, qui est presque entièrement utilisé pour nourrir les êtres humains.

Les jeunes plants de riz sont d'un vert vif. Les plantes deviennent dorées lorsqu'elles mûrissent. Les grains deviennent complètement mûrs moins de six mois après les semis.

Chaque grain de riz possède une enveloppe dure, la coque. Sous la coque se trouvent des couches de son qui protègent les parties internes du grain. La coque et le son ont été enlevés de la majeure partie du riz que nous mangeons. Ce riz est appelé riz blanc. Dans le cas du riz brun, la coque a été enlevée mais pas les couches de son. Le son rend ce riz très bon pour la santé.

Rizal, José

José Rizal (1861–1896) était membre du Parti des jeunes Philippins, un parti politique des Philippines. Un parti politique est un groupe de gens qui pensent qu'un gouvernement devrait être administré d'une certaine manière. Lorsque Rizal était actif sur le plan politique, les Philippines étaient gouvernées par l'Espagne. Le Parti des jeunes Philippins revendiquait des changements dans la manière dont les Espagnols administraient les Philippines.

José Rizal est né près de Manille. Il s'est fait connaître en raison de ses travaux en médecine et en économie (l'étude de l'argent). Il est également célèbre pour sa poésie et pour ses autres écrits. Rizal s'est efforcé de changer l'administration jusqu'en 1896. Cette année-là, il a été arrêté et fusillé pour ses activités politiques.

Robeson, Paul

Paul Robeson (1898–1976) était un chanteur, un acteur et un activiste politique afro-américain. Un activiste politique est une personne qui veut apporter des changements dans le gouvernement d'un pays. Robeson a œuvré pour aider les Afro-Américains aux États-Unis et les Noirs partout dans le monde.

Paul Robeson est né à Princeton, au New Jersey. En 1923, il a obtenu un diplôme de droit. Il est alors devenu acteur et chanteur; il a tourné un grand nombre de films et il a enregistré plusieurs disques. Vers la fin des années 1930, Paul Robeson a commencé à travailler pour la paix et pour d'autres objectifs politiques. Il a aidé les colonies africaines dans leur lutte pour l'indépendance contre leurs dirigeants européens.

En 1958, Robeson s'est établi à Londres. Toutefois, il est tombé malade et il est rentré aux États-Unis en 1963.

Paul Robeson

Robin des Bois

Robin des Bois (Robin Hood) est un héros des livres de contes. C'était un hors-la-loi anglais qui volait les riches pour donner aux pauvres. Beaucoup de chansons et d'histoires parlent de ses aventures. Certaines de ces chansons et de ces histoires remontent au XIVe siècle. Robin des Bois était bon envers les pauvres et a lutté contre le shérif de Nottingham, qui maltraitait les pauvres.

Robin des Bois vivait avec sa bande d'amis dans la forêt de Sherwood, dans le Nottinghamshire. Ses amis les plus connus comprennent le Frère Tuck (Friar Tuck), Petit Jean (Little John) et Marianne (Maid Marian). Marianne était la bien-aimée de Robin des Bois. Certaines personnes affirment que le personnage de Robin des Bois était basé sur une personne ayant réellement vécu, mais personne ne le sait vraiment.

Robin des Bois

Jackie Robinson

Robinson Crusoé est une histoire basée sur les aventures vraies d'un marin qui s'est retrouvé seul sur une île déserte.

Robinson, Jackie

Jackie Robinson (1919–1972) était le premier Afro-Américain à jouer au base-ball dans les ligues majeures. Robinson a passé les 10 années de sa carrière dans les ligues majeures avec les Dodgers de Brooklyn. Il a rejoint les Dodgers en 1947. Avant cela, les joueurs noirs n'avaient pas le droit de jouer dans les lignes majeures.

Jack Roosevelt Robinson est né à Cairo, en Géorgie. Il a été un athlète vedette dans quatre sports à l'Université de Californie, à Los Angeles. Il a rejoint les Dodgers comme premier but, mais il est surtout devenu célèbre comme deuxième but. Robinson était un excellent frappeur, coureur et voleur de buts. En 1949, il a remporté le prix du joueur le plus utile de la Ligue nationale, et il avait la meilleure moyenne au bâton de la ligue, avec une moyenne de 0,342. Il a été élu au Temple national de la renommée du base-ball en 1962. En 1956, il a reçu la médaille Spingarn, un prix décerné chaque année à un Noir américain pour ses réalisations exceptionnelles.

Robinson Crusoé

Robinson Crusoé est le personnage principal d'un livre racontant l'histoire d'un homme abandonné seul sur une île au large de la côte nord de l'Amérique du Sud. Daniel Defoe a écrit cette histoire dans un livre intitulé Robinson Crusoé en 1719. Il a en partie basé son histoire sur les expériences d'un marin écossais nommé Alexander Selkirk. L'histoire imaginaire de la vie de Robinson Crusoé, telle qu'écrite par Daniel Defoe, est devenue l'un des livres écrits en langue anglaise les plus populaires.

Le livre explique comment Crusoé arrive à survivre sur l'île. Après avoir vécu seul pendant 26 ans, Robinson Crusoé sauve la vie d'un homme qui allait être mangé par des cannibales. Robinson Crusoé nomme cet homme Vendredi parce que c'est le jour où il l'a rencontré. Vendredi devient l'ami et le serviteur de Robinson Crusoé, en qui il a toute confiance. Deux ans plus tard, Crusoé et Vendredi sont secourus, et ils vont vivre en Angleterre.

Robot

Les robots sont des machines commandées par ordinateur. L'ordinateur contient des instructions qui indiquent au robot exactement ce qu'il doit faire pour effectuer un travail. Les robots réalisent des tâches telles que le perçage, la peinture et l'assemblage de pièces d'automobile. Ils sont particulièrement utiles pour des travaux qui sont trop ennuyeux, difficiles ou dangereux pour les humains. Le mot « *robot* » vient du mot tchèque « *robota* », qui signifie « travail ennuyeux ».

La plupart des robots ne sont pas les machines d'apparence humaine que l'on voit dans les histoires de science-fiction. La plupart des robots sont des machines qui restent en place et qui sont équipées d'un bras. Ils utilisent ce bras pour soulever des objets et pour manipuler des outils.

Autres articles à lire : **Ordinateur**

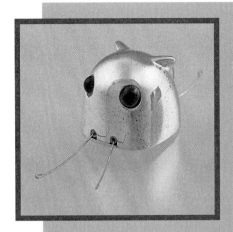

Ce minuscule robot grimpeur a été fabriqué par des scientifiques japonais. Ses « yeux » peuvent détecter la lumière et ses « palpeurs » l'aident à se recharger.

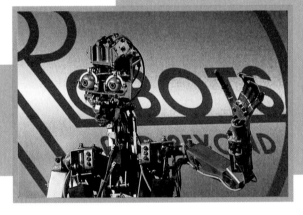

Ce robot a été fabriqué afin de montrer ce à quoi les gens pensent que les robots ressembleront dans l'avenir.

Roche

La roche est une matière dure et solide qui forme une partie de notre planète. Dans beaucoup d'endroits, la roche est recouverte d'une couche de terre dans laquelle les plantes et les arbres peuvent pousser. La terre est formée de minuscules particules mélangées à des matériaux provenant de plantes et d'animaux morts. On trouve également de la roche sous les océans.

Aux endroits où les autoroutes percent les collines, on peut souvent voir des couches de roche. De nombreux cours d'eau érodent la roche pour former des canyons. De hautes falaises de roche bordent la mer dans des endroits

Granit (roche ignée)

Calcaire (roche sédimentaire)

Quartzite (roche métamorphique)

tels que l'État du Maine et la Norvège. Dans les régions désertiques, des falaises et des tours rocheuses peuvent surplomber les plaines de sable.

Types de roches

La plupart des roches sont constituées d'un minéral ou de plusieurs minéraux. Les trois principales formes de roches sont les roches *ignées,* les roches *sédimentaires* et les roches *métamorphiques.*

Les roches ignées sont au départ une roche liquéfiée, appelée magma, que l'on trouve dans les profondeurs de la Terre. Les tremblements de terre et les autres mouvements de l'écorce terrestre font parfois remonter le magma à la surface. Les roches ignées se forment lorsque le magma refroidit et durcit. Une roche noire ou d'un gris-vert foncé, que l'on appelle basalte, une roche noire vitreuse appelée obsidienne, ainsi que le granit sont des exemples de roches ignées.

Les roches sédimentaires se composent de couches de matériaux peu tassés qui faisaient autrefois partie de roches plus anciennes ou encore de plantes ou d'animaux morts. La plupart de ces couches se forment au fond de l'océan, mais certaines se forment sur terre et dans l'eau douce. Au fil du temps, les matériaux peu tassés durcissent et deviennent une roche dure. Les roches sédimentaires comprennent le calcaire, le grès et le shale.

La roche métamorphique est une roche ignée ou sédimentaire qui a été transformée par la chaleur et la pression dans les profondeurs de l'écorce terrestre. La chaleur et la pression peuvent transformer l'apparence de la roche. Dans plusieurs cas, de nouveaux minéraux se forment dans la roche. Le marbre et l'ardoise sont des roches métamorphiques.

Usages de la roche

Les roches et les minéraux ont de nombreux usages. Les bâtisseurs utilisent le granit, le marbre et d'autres roches. Le ciment fait de calcaire et d'autres roches est mélangé à de la pierre concassée pour produire un béton très résistant que l'on utilise dans la construction des édifices, des barrages et des autoroutes.

Les métaux tels que l'aluminium, le fer, le plomb et l'étain proviennent de roches appelées *minerais*. Le minerai peut se trouver près de la surface de la Terre, ou encore être enfoui très profondément. À certains endroits, de grandes quantités de minerai de fer ou de minerai de cuivre constituent des montagnes entières. Les gemmes proviennent presque toutes de roches. Les gemmes sont des pierres magnifiques, telles que les diamants et les émeraudes.

Les roches fournissent également des informations sur la Terre et son histoire. Des scientifiques appelés *géologues* apprennent l'histoire de la Terre en étudiant les roches. Ils déterminent où l'on peut trouver du pétrole en étudiant les couches de roche. D'autres scientifiques étudient les fossiles pour se renseigner sur la vie sur la Terre il y a des millions d'années. Les fossiles sont les restes de plantes et d'animaux que l'on trouve dans la roche.

Collection de roches

Des milliers de jeunes personnes et d'adultes font des collections de roches et de minéraux comme passe-temps. On peut trouver des roches et des minéraux intéressants dans plusieurs endroits. Les bons endroits pour trouver des roches comprennent les mines, les carrières, les chantiers de construction, les falaises et les plages sur le bord de l'océan, les rives des cours d'eau et les côtés rocheux de routes qui traversent des montagnes.

Les collectionneurs de roches indiquent, pour chaque roche, le nom de l'endroit où elle a été trouvée, la date et la sorte de roche ou de minerai dont il s'agit. De nombreux collectionneurs de roches gardent leurs roches dans des plateaux en carton peu profonds divisés en petits compartiments. Beaucoup de collectionneurs inscrivent également le nom de toutes leurs roches dans un registre.

Autres articles à lire : **Aluminium; Argent; Charbon; Corail; Craie; Cuivre; Étain; Fer et acier; Fossile; Gemme; Géologie; Marbre; Or; Plomb; Sol**

Rock. Voir Musique rock.

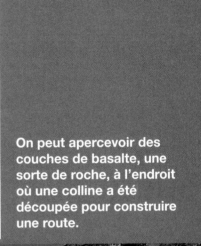

On peut apercevoir des couches de basalte, une sorte de roche, à l'endroit où une colline a été découpée pour construire une route.

Rodéo

Le rodéo est un sport qui donne l'occasion aux cow-boys et aux cow-girls de démontrer des talents propres au style de vie et à l'esprit des gens de l'Ouest. Les rodéos ont lieu dans plusieurs régions des États-Unis, du Canada et de l'Australie.

Lors d'une compétition de rodéo, les participants présentent leurs compétences de cavalier et de lanceur de lasso dans des épreuves palpitantes. Les gagnants remportent une somme d'argent. Les clowns de rodéo rendent l'activité encore plus amusante.

Il y a deux groupes principaux d'épreuves de rodéo : les épreuves de *rough stock* et les épreuves minutées. Lors des épreuves de *rough stock*, les cow-boys et les cow-girls essaient de rester sur des chevaux qui se cabrent ou font des sauts de mouton vigoureux ou sur des taureaux sauvages pendant un certain nombre de secondes. L'animal tente de se débarrasser de son cavalier en se cabrant et en ruant. Deux épreuves

Une cow-girl dans un concours de course de barils

populaires sont la monte à cru du bronco et la monte du taureau. Un bronco est un cheval sauvage qui n'a pas été entraîné pour porter un cavalier. Lors de la monte à cru du bronco, le cavalier doit rester sur le dos de l'animal pendant 8 secondes tout en éperonnant ou en frappant le cheval du talon pour le faire ruer. Lors de la monte du taureau sauvage, le cavalier tente de rester sur le dos du taureau pendant 8 secondes en s'agrippant à une corde qui entoure le ventre de l'animal. Les juges accordent des points aux concurrents pour leur style et pour la façon dont ils manipulent les animaux. Les épreuves minutées sont jugées selon la vitesse à laquelle les concurrents terminent une tâche donnée. Par exemple, les concurrents essaient d'attacher des cordes autour des pattes des veaux ou des bouvillons le plus rapidement possible.

Les animaux utilisés dans les rodéos sont de grande valeur et ils sont bien traités. L'American Humane Association a établi des règles pour s'assurer que les animaux ne sont pas blessés.

Les rodéos féminins comptent des épreuves prévues spécialement pour les femmes et d'autres qui sont semblables aux épreuves masculines. Lors de la course de tonneaux, par exemple, la cow-girl monte à cheval et le fait courir le plus rapidement possible en traçant la forme d'un trèfle autour de trois tonneaux. Elle perd des points pour chaque tonneau qu'elle fait tomber. Lors des rodéos féminins, les cow-girls participent également à des épreuves telles que la monte à cru du bronco et la monte du taureau.

Les rodéos se sont développés à partir des différentes activités pratiquées dans les ranchs à la fin du XIXe siècle. Par exemple, après avoir déplacé les troupeaux ou un rassemblement de bétail, les cow-boys se réunissaient et participaient à des compétitions telles que la monte à cru du bronco et l'attache de trois des quatre pattes d'un bouvillon. Le premier rodéo où des frais d'admission ont été exigés des spectateurs et où des prix ont été décernés a eu lieu à Prescott, en Arizona, en 1888.

Autres articles à lire : **Cow-boy**

Cavalier lors d'un concours de monte du taureau

Roi

Les rois sont des hommes qui détiennent un titre qui donne beaucoup de puissance ou d'honneur. L'épouse du roi est une reine. Dans de nombreux pays, les gens étaient convaincus que le roi était un descendant des dieux. Dans les anciennes tribus d'Europe, le roi était élu par le peuple en temps de guerre. Lorsque ces peuples sont devenus chrétiens, le pouvoir des rois est devenu encore plus grand. On pensait qu'il parlait et qu'il agissait au nom de Dieu. Son devoir consistait à s'assurer que le peuple suive les enseignements de Dieu.

Aujourd'hui, certains endroits sont gouvernés par des rois puissants. Dans d'autres endroits, tels que le Royaume-Uni et d'autres pays européens, les rois et les reines possèdent peu de pouvoirs réels. Toutefois, ils détiennent des positions importantes dans leurs pays.

Autres articles à lire : **Couronne; Monarchie; Reine**

Louis XIV, roi de France

Abdullah, roi d'Arabie Saoudite

Roi Arthur

Le roi Arthur était un roi des légendes britanniques. Il est devenu le personnage principal de légendes connues partout

Le roi Arthur et les Chevaliers de la Table ronde

dans le monde. Depuis près de 1 000 ans, on conte les légendes du roi Arthur et de ses Chevaliers de la Table ronde.

On pense qu'un roi nommé Arthur a vraiment existé, mais on sait très peu de choses à son sujet. Il a peut-être été un chef britannique il y a environ 1 500 ans. Les conteurs se sont transmis les premières légendes de bouche à oreille.

Dans ces légendes, Arthur ne savait pas que son père était roi. Mais il a tiré d'une pierre l'épée magique Excalibur, et il a ainsi prouvé qu'il était le roi légitime d'Angleterre. Il a épousé la princesse Guenièvre. Sa résidence préférée était Camelot, un château situé dans le sud de l'Angleterre. Il était souvent aidé par Merlin, un magicien.

Les Chevaliers de la table ronde d'Arthur l'aidaient souvent lors de ses aventures. L'une de celles-ci était la quête du Saint-Graal. Celui-ci est parfois représenté sous la forme de la coupe utilisée par Jésus lors de la Cène (le dernier repas pris par Jésus avant qu'on le trahisse et qu'on le crucifie).

Lors d'une de ses quêtes, Arthur a appris que le chevalier Mordred lui avait pris son royaume et sa reine. Arthur est revenu, a combattu Mordred et l'a tué, mais il est mort des suites de ses blessures.

Vers l'année 1470, Sir Thomas Mallory a écrit l'histoire du roi Arthur. Il a basé son histoire sur les vieilles légendes françaises et anglaises. Depuis lors, de nombreux écrivains ont basé leurs histoires du roi Arthur sur l'œuvre de Thomas Mallory.

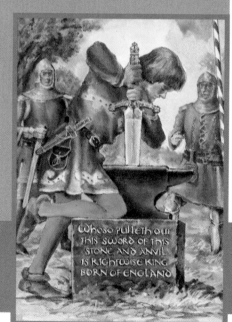

Arthur retire l'épée magique Excalibur d'une pierre afin de prouver qu'il est le vrai roi d'Angleterre.

Roma

Les Roma sont un groupe de personnes qui mènent une vie errante. On les appelle parfois tsiganes ou encore gitans. Ils conservent leur propre culture ou mode de vie, quel que soit le pays où ils habitent. Leurs ancêtres étaient originaires de l'Inde, mais, aujourd'hui, on trouve des Roma dans presque toutes les régions du monde. Il y a environ 12 millions de Roma dans le monde. Les nombreux groupes roma comprennent les Cale d'Espagne et les Manouches de France. Les groupes roma les plus connus au Canada et aux États-Unis appartiennent au groupe *Rom*, le plus important.

Les familles rom apparentées forment souvent un groupe et vivent ensemble. La plupart des Roma parlent la langue des gens parmi lesquels ils vivent. Beaucoup d'entre eux parlent également la langue rom, le *romani*.

Les Roma sont bien connus comme étant d'excellents musiciens et danseurs. Certains se déplacent toujours d'un endroit à l'autre dans des camions et des roulottes. Ils pratiquent des occupations traditionnelles, tels que dire la bonne aventure, le commerce

Des Roma dansent lors d'une procession traditionnelle

des chevaux et le soin des animaux. Toutefois, d'autres Roma se sont fixés à un seul endroit et se sont tournés vers d'autres métiers. Aujourd'hui, un nombre plus important de Roma vivent dans des appartements ou des maisons, mais la plupart d'entre eux conservent toujours leurs propres coutumes et leurs propres croyances.

Les Roma ont quitté l'Inde il y a environ mille ans. Lors de leur arrivée dans l'ouest de l'Europe au XVe siècle, ils affirmaient qu'ils venaient d'un pays appelé Petite Égypte. C'est pourquoi ils ont longtemps été appelés *Gitans* en France.

Une illustration tirée du livre *Le Sorcier de Terremer*, un roman pour enfants d'Ursula K. Le Guin

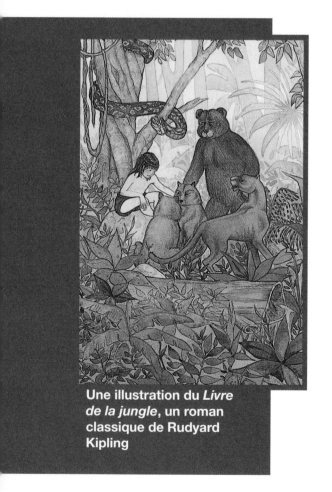

Une illustration du *Livre de la jungle*, un roman classique de Rudyard Kipling

Roman

Les romans sont de longues histoires. Ce sont des œuvres de *fiction*, c'est-à-dire qu'il s'agit d'histoires inventées par leur auteur. Aujourd'hui, le roman est l'une des formes d'écriture les plus populaires.

Un roman peut parler de n'importe quoi. Certains romans racontent des histoires réalistes sur des personnes et des événements. Les auteurs de tels romans essaient de parler de la vie telle qu'elle est réellement. D'autres sortes de romans décrivent des modes de vie imaginaires dans des mondes qui n'ont jamais existé. Par exemple, les romans de science-fiction peuvent décrire des événements qui se produisent dans le futur ou sur une autre planète. D'autres formes populaires de romans sont les romans policiers et les romans à énigme. Ces romans décrivent des crimes et leur résolution.

Le roman diffère des autres formes de littérature de quatre façons. D'abord, le roman est une histoire racontée par un narrateur. Cela le distingue d'une pièce de théâtre. Une pièce de théâtre raconte une histoire par les paroles et les actions de personnages sur une scène.

Deuxièmement, les romans sont plus longs que la plupart des autres sortes de récits. En raison de leur longueur, les romans peuvent couvrir une période plus longue et comprendre plus de personnages et de détails que la plupart des autres formes de récits.

Troisièmement, un roman est écrit en prose, c'est-à-dire en langage normale, plutôt qu'en vers. Les vers rassemblent les mots afin de créer certains motifs sonores. De nombreuses sortes de vers riment.

Quatrièmement, les romans sont des œuvres de fiction, c'est-à-dire que les auteurs inventent les histoires. Ils se démarquent des ouvrages historiques, des biographies et des autres longs textes qui parlent de personnes et d'événements réels.

Autres articles à lire : **Fiction; Science-fiction**

Romanichel. Voir Roma.

Rome

Rome est la capitale de l'Italie. Cette ville historique se situe sur les rives du Tibre, au centre de l'Italie. Rome est bâtie sur environ 20 collines. Elle est reconnue pour ses magnifiques places ainsi que pour ses palais anciens, ses musées, ses églises, ses statues et ses fontaines. L'un des bâtiments anciens les plus célèbres de la ville est le *Colisée*, un immense théâtre extérieur construit il y a environ 2 000 ans. À Rome, on peut aussi admirer un grand nombre de bâtiments modernes. La ville compte plus de 2,5 millions d'habitants.

Les visiteurs apprécient les bons restaurants et les belles boutiques. Rome est l'un des principaux centres mondiaux d'art et de musique. Elle est une ville importante depuis plus de 2 000 ans.

Autres articles à lire : **Cité du Vatican; Colisée; Rome antique**

La fontaine de Trévi, à Rome, est très populaire auprès des touristes.

Rome antique

La Rome antique est une ville du centre de l'Italie qui a été fondée il y a environ 2 700 ans. Du petit village de bergers qu'elle était à l'origine, Rome s'est développée au fil des siècles jusqu'à devenir un puissant empire. Un empire est une nation qui gouverne plus d'un pays. L'Empire romain s'étendait sur environ la moitié de l'Europe, une grande partie du Moyen-Orient et la côte nord de l'Afrique.

Les millions de personnes qui vivaient dans l'Empire romain parlaient de nombreuses langues, pratiquaient différentes religions et avaient différents modes de vie. Toutefois, l'empire les unissait sous un seul système juridique et une seule administration.

L'Empire romain a duré plus de mille ans, mais il a fini par devenir trop grand pour être contrôlé à partir de Rome. Les chefs allemands et leurs soldats ont conquis une grande partie de l'Empire romain il y a 1 500 ans environ et ils l'ont divisé en royaumes plus petits.

L'Empire romain s'étendait sur environ la moitié de l'Europe, une grande partie du Moyen-Orient et la côte nord de l'Afrique.

L'Empire romain a eu de nombreux effets de longue durée sur le monde. Les langues modernes que sont le français, l'espagnol et l'italien proviennent du latin, la langue des anciens Romains. Les lois et le gouvernement romains ont été des modèles pour les lois et le gouvernement de nombreux pays de l'ouest de l'Europe, de l'Amérique du Nord et de l'Amérique du Sud. Les routes et les ponts construits par les anciens Romains, dont plusieurs sont encore utilisés aujourd'hui, ont servi de modèles aux bâtisseurs des siècles futurs. Certains des grands bâtiments et beaucoup de belles œuvres d'art produits sous l'Empire romain peuvent encore être admirés dans la ville moderne de Rome.

Autres articles à lire : **Colisée; Pompéi; Rome**

De nombreux bâtiments de la Rome antique contenaient des boutiques où les gens pouvaient acheter des aliments, rencontrer leurs amis et vendre les objets qu'ils avaient fabriqués. Les gens se rendaient aux fontaines dans les rues, telles que celle illustrée dans ce tableau, afin d'aller chercher l'eau pour leur maison.

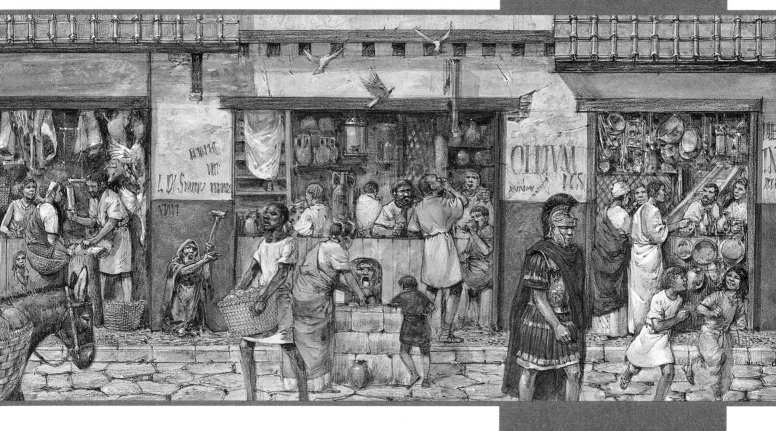

Tout savoir sur la Rome antique

Vous êtes-vous déjà demandé comment il se fait que nous en sachions autant sur les Romains, bien qu'ils aient vécu il y a si longtemps? Leurs traces sont tout autour de nous!

Le Forum (à l'avant) et le Colisée (en arrière-plan)

Les traces dans notre mode de vie

Encore aujourd'hui, le mode de vie romain a une influence sur nous. Bon nombre des mots de notre langue proviennent du latin, la langue parlée par les Romains. Le nom de certaines planètes et de certains mois de l'année provient du nom de Romains importants ou de personnages de la mythologie romaine. Nos bâtiments et nos pièces de monnaie sont souvent basés sur des bâtiments et des pièces de monnaie provenant de Rome.

Les traces laissées dans les livres et les œuvres d'art

Les Romains aimaient écrire. Un grand nombre de leurs livres et de leurs lettres ont survécu. Encore aujourd'hui, nous pouvons lire des poèmes, des pièces de théâtre et des livres d'histoire romains, ainsi que des manuels de droit, de religion, de guerre, d'agriculture et de cuisine. L'art romain nous montre également comment vivaient les Romains. Les scènes que nous voyons sur les mosaïques (ci-dessous) nous en disent long sur la vie à l'époque romaine. Les mosaïques sont des images aux couleurs vives fabriquées avec des centaines de minuscules carreaux.

Les traces dans le sol

Les archéologues ont découverts de nombreux bâtiments romains. Les découvertes les plus spectaculaires sont les ruines des villes de Pompéi et d'Herculanum. En l'an 79, le Vésuve a fait éruption et a recouvert ces villes d'une couche de cendre et de boue. Les ruines de ces villes ont été découvertes au XVIIIe siècle.

Beaucoup de personnes sont mortes à Pompéi. Les archéologues ont trouvé les moulages de nombreux corps conservés dans la cendre durcie. En versant délicatement du plâtre dans les moules, ils peuvent produire des copies détaillées des personnes (à gauche).

Herculanum a été enfouie sous une couche de boue et de lave, qui a durci comme du béton en refroidissant. Cette couche a préservé la ville mieux que ne l'a été Pompéi. Au cours des années 1920, les archéologues ont commencé à utiliser des outils modernes pour faire des fouilles dans la ville (en bas à gauche). Une grande partie de la ville d'Herculanum a été mise au jour et elle est maintenant ouverte aux touristes (en bas à droite).

Rongeur

Les rongeurs sont des animaux recouverts de fourrure qui utilisent leurs dents de devant pour ronger des objets durs. Leurs dents s'usent à mesure que l'animal ronge, mais elles continuent à pousser jusqu'à ce qu'il soit vieux. Les nombreuses espèces de rongeurs comprennent les castors, les spermophiles, les hamsters, les souris, les porcs-épics, les rats et les écureuils. Les écureuils peuvent percer les coquilles de noix avec leurs dents de devant. Les castors peuvent abattre des arbres en les rongeant, et les rats peuvent faire des trous dans les murs en bois et en plâtre.

On trouve des rongeurs dans presque toutes les régions du monde. Ils peuvent être à la fois utiles et nuisibles pour les êtres humains. Certains rongeurs se nourrissent d'insectes nuisibles et de mauvaises herbes, et certains ont une fourrure très appréciée. Toutefois, les rongeurs endommagent également les récoltes et d'autres biens, et de nombreux rongeurs sont porteurs de maladies.

Autres articles à lire : **Castor; Chien de prairie; Cobaye; Écureuil; Gerbille; Hamster; Porc-épic; Rat; Rat musqué; Souris; Spermophile; Suisse**

Écureuil

Cobaye

Roosevelt, Eleanor

Eleanor Roosevelt (1884–1962), la femme du président américain Franklin D. Roosevelt, a été une des premières dames les plus actives de toute l'histoire des États-Unis. Elle est devenue un modèle pour les femmes qui veulent entrer en politique.

Anna Eleanor Roosevelt est née à New York le 11 octobre 1884. Elle était la nièce du président Theodore Roosevelt. En 1905, elle a épousé Franklin D. Roosevelt, un cousin éloigné. Le couple a eu six enfants.

Eleanor Roosevelt était une fervente partisane de son mari pendant son mandat de gouverneur de l'État de New York et, plus tard, pendant sa présidence. Lorsqu'elle était première dame, elle faisait des tournées de conférences et

Eleanor Roosevelt

écrivait des articles pour des revues et des journaux. Elle a également œuvré pour les droits des pauvres et des groupes minoritaires.

De 1945 à 1951 et en 1961, Eleanor Roosevelt a été déléguée à l'Assemblée générale des Nations Unies. Elle a contribué à la rédaction de la Déclaration universelle des droits de l'homme. Eleanor Roosevelt est morte le 7 novembre 1962.

Autres articles à lire : **Roosevelt, Franklin Delano**

Roosevelt, Franklin Delano

Franklin Delano Roosevelt (1882–1945) a été le trente-deuxième président des États-Unis. On le connaissait par ses initiales : FDR Roosevelt a été président pendant plus de 12 ans, soit plus longtemps que toute autre personne. Il est le seul président à avoir été détenu pour quatre mandats : en 1932, 1936, 1940 et 1944.

Franklin Delano Roosevelt est né à Hyde Park, dans l'État de New York. Il a été gouverneur de l'État de New York de 1929 à 1932. Franklin Roosevelt et Theodore Roosevelt, le vingt-sixième président des États-Unis, étaient des cousins lointains.

F.D. Roosevelt est devenu président pendant la Grande Crise des années 1930. Les temps étaient durs pour l'économie. Un travailleur sur quatre avait perdu son emploi. De nombreuses familles n'avaient pas d'argent pour acheter de la nourriture. D'autres ont perdu leur maison parce qu'ils n'arrivaient plus à faire leurs paiements. Le président Roosevelt a créé un programme gouvernemental appelé New Deal, ou Nouvelle Donne, pour aider le peuple. De nombreuses personnes ont obtenu un nouvel emploi ou ont reçu de l'argent du gouvernement pour aider à payer la nourriture et le logement.

Franklin Delano Roosevelt

Lorsque la Deuxième Guerre mondiale (1939–1945) a éclaté, F.D. Roosevelt était président. Au début, les États-Unis ne se sont pas impliqués dans la guerre. Toutefois, en 1941, des avions japonais ont attaqué les bateaux de l'U.S. Navy à Pearl Harbor, à Hawaii. Les États-Unis ont alors déclaré la guerre au Japon et ont fait leur entrée dans la Deuxième Guerre mondiale. F.D. Roosevelt a été un dirigeant fort pendant la guerre. Il est mort en 1945, peu avant la fin de la guerre.

Le président Roosevelt et la première dame Eleanor Roosevelt votent lors d'une élection.

Roosevelt, Theodore

Theodore Roosevelt (1858–1919) a été le vingt-sixième président des États-Unis. Il a occupé ce poste de 1901 à 1909. Theodore Roosevelt est le plus jeune président des États-Unis : il n'avait que 42 ans au début de son mandat. Son surnom était « Teddy ». Un ourson en peluche, le « teddy bear », porte ce nom en son honneur.

Theodore Roosevelt est né à New York. Il est devenu un héros national lorsqu'il a pris la tête d'un groupe de soldats, les Rough Riders, pendant la guerre hispano-américaine de 1898. Après la guerre, il a été élu gouverneur de l'État de New York. Theodore Roosevelt et Franklin Roosevelt, le trente-deuxième président des États-Unis, étaient des cousins éloignés.

Theodore Roosevelt a été élu vice-président des États-Unis en 1900, sous le président William McKinley. Lorsque le président McKinley a été assassiné en 1901, le vice-président Roosevelt l'a remplacé à la présidence.

Theodore Roosevelt

Roosevelt a remporté l'élection suivante à la présidence, en 1904; il a donc été président pendant quatre autres années.

Le président Roosevelt a contribué à faire des États-Unis une puissance mondiale. Il a été le premier Américain à remporter le prix Nobel de la Paix. Theodore Roosevelt souhaitait également améliorer la vie du peuple américain. Il a tenté de limiter la puissance des grosses entreprises américaines. Pendant la présidence de Theodore Roosevelt, le Congrès a adopté des lois pour contrôler les chemins de fer, pour protéger les personnes des aliments et des médicaments dangereux ainsi que pour sauver les forêts de la nation.

Rose

La rose est une des plus belles fleurs qui existe. On en trouve de toutes les couleurs, allant du rose et du rouge au jaune, au blanc et au violet pâle. Il y a des roses qui ont une odeur de thé ou de fruit, d'autres qui ont une odeur sucrée et d'autres encore qui n'ont presque pas d'odeur.

Il existe des milliers d'espèces de roses, mais seulement trois groupes principaux. Les rosiers anciens ne fleurissent qu'une fois par année. Le deuxième type fleurit une fois en été et une fois en automne. Le troisième type fleurit plusieurs fois par année.

On trouve les roses dans de nombreuses parties du monde, dans différents sols et sous différents climats. La rose est la fleur nationale des États-Unis et de l'Iran.

Rose

Rosée

La rosée correspond aux gouttes d'eau étincelantes que nous voyons tôt le matin. Elle se forme sur l'herbe, les feuilles et les voitures.

Rosée sur une feuille

La rosée se forme dans certaines conditions météorologiques. Pendant le jour, les objets absorbent la chaleur du soleil. La nuit, ils perdent cette chaleur. Lorsque les objets situés près du sol refroidissent, l'air qui les entoure refroidit également. L'air froid ne peut pas contenir autant de vapeur d'eau ou d'humidité que l'air chaud. Si l'air refroidit trop, une partie de la vapeur d'eau se retransforme en liquide et forme de la rosée.

Le matin, lorsque le soleil se lève, il réchauffe le sol et l'air. L'air chaud peut contenir plus de vapeur d'eau. En conséquence, l'air chaud absorbe la rosée, et les gouttelettes d'eau disparaissent.

Autres articles à lire : **Givre**

Rosh Hashanah

Rosh Hashanah est le Nouvel An juif. Les Juifs assistent à des offices religieux et prient pour que Dieu leur pardonne leurs

Homme soufflant dans un shofar lors de Rosh Hashanah

erreurs. Ils prient également pour avoir une bonne année et une longue vie. On souffle dans une corne de bélier appelée shofar. Cela rappelle aux gens de se repentir de tout le mal qu'ils peuvent avoir commis et de servir Dieu.

Rosh Hashanah dure généralement deux jours. Il commence le premier jour du mois hébreu de Tichri, qui tombe en septembre ou en octobre. C'est le début des dix jours de pénitence. Le jour saint le plus important du calendrier judaïque, à savoir Yom Kippour ou le Jour du Pardon, tombe à la fin de ces 10 jours.

Autres articles à lire : **Yom Kippour**

Ross, Betsy

Betsy Ross (1752–1836) était une Américaine qui cousait des drapeaux. Elle travaillait dans une boutique à l'époque de la Révolution américaine (1775–1783). Certaines personnes pensent que c'est elle qui a fait le premier drapeau américain orné des étoiles et des rayures.

William J. Canby, petit-fils de Betsy Ross, a écrit un article à son sujet en 1870. Il a écrit que lorsqu'il avait 11 ans, sa grand-mère lui a raconté comment elle avait confectionné le premier drapeau officiel des États-Unis en 1776. Elle a dit qu'un groupe d'hommes commandés par George Washington lui avait demandé de le coudre. Personne ne sait si cette histoire est vraie.

Betsy Ross est née à Philadelphie. Elle confectionnait des drapeaux pour la Marine de Pennsylvanie.

Autres articles à lire : **Drapeau**

Betsy Ross

La roue et l'essieu

La roue et l'essieu sont un outil utilisé pour soulever des objets. Cet outil est composé d'une roue fixée à une longue tige appelée essieu. Une machine appelée un treuil utilise une roue et un essieu. Dans le treuil simple, une extrémité d'une corde est attachée à l'essieu. L'autre extrémité est attachée à l'objet que l'on veut soulever. Lorsqu'une personne fait tourner la roue, la corde s'enroule autour de l'essieu et soulève l'objet.

Le treuil simple permet de soulever des objets plus facilement parce que la roue est plus large que l'essieu. En conséquence, la personne qui fait tourner la roue ne sent pas tout le poids de l'objet.

Un treuil simple utilise un arbre et un tambour pour soulever des objets. Ces femmes utilisent un treuil simple pour tirer de l'eau d'un puits.

Rouge, Mer

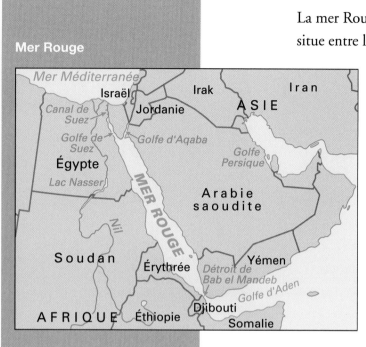

Mer Rouge

La mer Rouge est un long bras étroit de l'océan Indien. Elle se situe entre la péninsule d'Arabie et l'Afrique. Un grand nombre de bateaux se déplacent entre l'Europe et l'Asie en passant par la mer Rouge, ce qui en fait l'une des voies d'eau les plus fréquentées au monde.

À l'extrémité nord, la mer Rouge se divise pour former le golfe de Suez et le golfe d'Aqaba. Le golfe de Suez mène au canal de Suez, qui relie la mer Rouge à la Méditerranée.

Parce que cette région est très chaude, l'eau s'évapore rapidement, laissant du sel derrière elle. Cela fait de la mer Rouge l'une des mers les plus salées au monde. Cette mer compte de nombreux récifs de corail ainsi qu'un grand nombre d'espèces de poissons.

Rouge-gorge

Les rouges-gorges sont des oiseaux que l'on trouve en Amérique du Nord et en Europe. Le mâle a la poitrine rouge, le dos gris brunâtre, et la tête et la queue noires. Son bec est jaune, et sa gorge est blanche avec des stries noires. La femelle est plus petite que le mâle et sa couleur n'est pas aussi vive. Le rouge-gorge d'Amérique est l'oiseau de l'État du Connecticut, du Michigan et du Wisconsin.

Les rouges-gorges d'Amérique sont parmi les derniers oiseaux à voler vers le sud en automne, et parmi les premiers à revenir au printemps. Le premier rouge-gorge du printemps est un signe que l'hiver sera bientôt fini.

Un rouge-gorge nourrit les petits dans son nid.

Rougeole

La rougeole est une maladie qui cause des éruptions rougeâtres sur tout le corps. La plupart des personnes ont la rougeole pendant leur enfance.

La rougeole est causée par de minuscules particules que l'on appelle virus. Elle se transmet dans les airs lorsqu'une personne tousse ou éternue. Les personnes qui attrapent la rougeole ont de la fièvre, le nez qui coule et les yeux larmoyants et la toux. De petites taches roses apparaissent ensuite. Lorsque la toux cesse, les éruptions disparaissent.

Les enfants doivent être *vaccinés* contre la rougeole. La vaccination empêche la plupart des gens d'attraper la rougeole.

Enfant ayant la rougeole

Rouille

La rouille est une couche d'un brun rougeâtre qui se forme sur le fer ou l'acier lorsque l'air qui l'entoure est humide. Une bicyclette, par exemple, rouille si on la laisse dehors longtemps lorsque le temps est humide ou pluvieux. La rouille érode le métal et l'affaiblit.

Le fer et l'acier doivent rester secs ou être peints afin de prévenir la rouille. Les objets en métal peuvent également être recouverts d'une graisse épaisse ou de plastique pulvérisé pour empêcher la formation de rouille.

Le fer peut être mélangé à d'autres éléments afin de produire des métaux qui ne rouillent pas. Ces métaux sont appelés des aciers inoxydables.

On peut enlever une mince couche de rouille en frottant un objet avec un chiffon mouillé. La rouille épaisse est plus difficile à enlever. On peut la gratter avec une lime en acier.

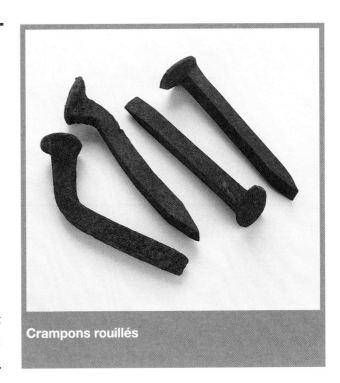

Crampons rouillés

La Roumanie est un pays de l'Europe de l'Est. Le mot Roumanie signifie *terre des Romains*. Elle faisait partie de l'Empire romain pendant l'antiquité. La Roumanie est bordée au nord par l'Ukraine, à l'est par la Moldavie, l'Ukraine et la mer Noire, au sud par la Bulgarie et à l'ouest par la Hongrie et la Serbie. Bucarest est la capitale de la Roumanie et sa ville la plus importante.

Géographie. Des montagnes forment un cercle qui traverse le nord et le centre de la Roumanie. Ces montagnes entourent une haute région plate appelée plateau. Des plaines sont situées à l'est, au sud et à l'ouest des montagnes. La Roumanie possède un court littoral sur la mer Noire, au sud-est, ainsi qu'un grand nombre de rivières et de lacs.

Population. Presque tous les habitants de la Roumanie descendent de vieilles familles roumaines. Les Hongrois constituent le plus important groupe minoritaire en Roumanie. D'autres groupes plus petits sont les Roma (parfois appelés Tsiganes), les Allemands, les Juifs, les Turcs et les Ukrainiens. Le roumain, la langue officielle du pays, est parlée par presque tous les habitants. La plupart des Roumains appartiennent à l'église orthodoxe roumaine.

Environ la moitié des Roumains vivent dans les villes et les autres vivent à la campagne. La plupart des citadins vivent dans des appartements surpeuplés. À la campagne, la plupart des personnes vivent dans de petites maisons de bois comptant deux ou trois pièces.

Les Roumains apprécient la viande grillée, y compris des boulettes de viande appelées mititei et des saucisses appelées patricieni. Un autre aliment apprécié en Roumanie est le mamaliga, une purée ou un pain fait de semoule de maïs.

De nombreux citadins aiment fréquenter les restaurants, ainsi que les salles de concert où des orchestres jouent de la musique folklorique romaine. Le soccer est le sport le plus populaire.

Poiana Sibiului est situé dans les contreforts des Carpates, en Transylvanie, en Roumanie.

Ressources et produits. Un peu plus de la moitié du territoire de la Roumanie est formée de terres agricoles fertiles. Les cultures principales sont les céréales, particulièrement le maïs et le blé. D'autres récoltes comprennent le raisin et d'autres fruits, la pomme de terre et la betterave à sucre. Les fermiers de la Roumanie élèvent plus de moutons que n'importe quelle autre espèce animale. Ils font également l'élevage de bovins, de chevaux, de cochons et de poulets.

Les forêts de Roumanie fournissent du bois pour la construction. Les montagnes et le plateau contiennent des gisements de pétrole, de gaz naturel ainsi que d'autres minerais importants, y compris la bauxite, le charbon, le cuivre, l'or, le minerai de fer, le plomb, l'argent et le zinc. Les usines de Roumanie fabriquent du ciment, des produits chimiques, des vêtements et des chaussures, des produits alimentaires, des carburants, du bois d'œuvre et des machines.

Histoire. La région que l'on appelle aujourd'hui Roumanie est peuplée depuis plus de 2 000 ans. Le premier peuple connu à habiter dans la région étaient les Daces. À cette époque, la Roumanie était appelée Dacie. En 106, les Romains ont fait de la Dacie une partie de l'Empire romain, et la Dacie a alors pris le nom de Roumanie.

À partir du IIIe siècle, des groupes de personnes arrivant du nord et de l'est ont commencé à s'emparer de certaines régions de la Roumanie. Ces groupes comprenaient les Bulgares, les Goths, les Huns, les Magyars, les

La Roumanie et ses voisins

Coup d'œil sur la Roumanie

Capitale : Bucarest.

Superficie : 238 391 km² (92 043 mi²). *Distances les plus grandes* — est-ouest : environ 724 km (450 mi); nord-sud : environ 515 km (320 mi). *Littoral* — 209 km (130 mi).

Population : *Estimation actuelle* — 21 517 000; densité de population : 90 habitants par km² (234 par mi²); répartition : 55 % en milieu urbain, 45 % en milieu rural. *Recensement de 2002* — 21 680 974.

Langue officielle : le roumain.

Principaux produits : *Agriculture* — betterave à sucre, blé, laine, lait, maïs, pomme de terre, raisin. *Industrie manufacturière* — aliments transformés, ciment, fer et acier, machinerie, produits du bois, produits du pétrole, vêtements et chaussures. *Mines* — charbon, gaz naturel, pétrole.

Monnaie : *Unité de base* — le nouveau leu roumain. Le nouveau leu est divisé en cent nouveaux bani.

Forme de gouvernement : république.

Climat : étés chauds et hivers froids.

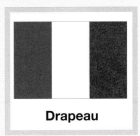

Drapeau

Roumanie, suite

Slaves et les Tatares. Pendant des centaines d'années, les différents groupes ont lutté pour le contrôle de la région, mais aucun groupe n'a réussi à obtenir un contrôle total.

Entre 1250 et 1350, les peuples des régions appelées Valachie et Moldavie ont chacun formé une principauté, c'est-à-dire une région gouvernée par un prince. Toutefois, les Ottomans d'Asie mineure (aujourd'hui appelée Turquie) ont pris le contrôle de la Valachie en 1476, puis de la Moldavie en 1504, et les ont intégrées à l'immense Empire ottoman.

Au milieu du XIXe siècle, la Valachie et la Moldavie se sont séparées de l'Empire ottoman pour constituer un pays appelé Roumanie. En 1881, la Roumanie est devenue un royaume.

Après la Première Guerre mondiale (1914–1918), la Transylvanie, une région au nord, ainsi que d'autres territoires avoisinants sont devenus une partie de la Roumanie. La célèbre histoire inventée du vampire nommé le comte Dracula est basée sur l'histoire vraie d'un prince cruel qui vivait en Transylvanie au XVe siècle.

La Roumanie a été gouvernée par les communistes de 1947 à 1989. Le gouvernement communiste s'est approprié la presque totalité des fermes et des usines, et les gens avaient peu de liberté. De nombreuses personnes n'étaient pas satisfaites des dirigeants communistes. En 1989, ceux qui voulaient la liberté ont chassé les communistes du pouvoir. En 1990, des élections libres se sont tenues en Roumanie. Un nouveau gouvernement a été choisi, dirigé par un président. Depuis 1990, le peuple roumain élit ses chefs lors d'élections libres.

Autres articles à lire : **Noire, Mer; Roma**

Bucarest, en Roumanie

Route

Les routes sont des bandes de terrain utilisées par les véhicules et les personnes pour se déplacer d'un endroit à l'autre. Les routes sont importantes pour toutes sortes de personnes. Les fermiers utilisent les routes pour apporter leurs récoltes aux magasins. Les chauffeurs de camions utilisent les routes pour transporter des produits d'une région à l'autre. Des millions de voitures se déplacent sur les routes et les autoroutes. Elles transportent les gens au travail ou au magasin, et elles leur permettent de traverser le pays pour rendre visite à leur famille et à leurs amis.

Les petites routes n'ont généralement que deux voies.

Sortes de routes

On nomme souvent « rues » les routes que l'on trouve dans les villes et les villages. Les rues permettent aux véhicules de se déplacer à l'intérieur d'une petite région. Elles relient également les petites communautés les unes aux autres. Les rues portent un nom ou un numéro afin d'aider les gens à les repérer.

Une autoroute est une route faite pour un grand nombre de véhicules. On peut conduire plus rapidement sur les autoroutes. Les autoroutes relient les grandes villes les unes aux autres.

Les routes sont souvent divisées en voies. Chaque voie ne peut recevoir qu'une seule file de véhicules. Les petites routes n'ont généralement que deux voies. Certaines autoroutes peuvent avoir quatre voies et même plus.

Construction des routes et des autoroutes

La construction d'une nouvelle route nécessite une grande planification. Pour commencer, les personnes qui planifient les routes doivent déterminer si de nouvelles routes sont nécessaires. Elles déterminent également les routes qui doivent être réparées. La plupart des réparations servent à améliorer les routes. Les routes étant utilisées par de plus en plus de personnes, elles doivent être capables d'accueillir une circulation plus importante de manière plus sécuritaire. La plupart des nouvelles routes sont construites pour desservir de nouvelles banlieues.

La première étape de la construction d'une nouvelle autoroute est le dégagement du tracé de la route. Ensuite, la base de la route doit être préparée en traçant les voies et en aplanissant le sol. Des fossés sont creusés le long de la route, et des tuyaux sont installés pour emporter l'eau de pluie. La pose du revêtement commence alors. La sorte de revêtement utilisé dépend de la circulation pour laquelle la route est conçue. Différentes sortes de terre et d'autres matériaux sont mélangés pour faire le revêtement. Les routes qui doivent supporter une circulation intense sont souvent faites de pierre concassée ou de béton. Des feux de circulation sont souvent installés pour prévenir les accidents.

Autres articles à lire : **Automobile; Camion**

Base **Surface** **Accotements**

Couche de forme

Conception type d'une route revêtue

Rowling, J. K.

Joanne Kathleen Rowling (1965–) est une auteure britannique de livres pour enfants. Elle a écrit une série de livres fantastiques très populaires au sujet d'un garçon nommé Harry Potter.

Au début de la série, Harry a 11 ans. C'est un orphelin qui découvre que ses parents étaient des sorciers. Les livres racontent ses aventures à l'école de sorcellerie Poudlard. Dans chaque livre, Harry vieillit d'un an. Le premier livre de la série, *Harry Potter et l'école des sorciers*, a été publié en 1997. Cinq autres livres de la série ont suivi. Des films populaires ont été tirés de la série.

J.K. Rowling est née à Chipping Sodbury, en Angleterre. Elle a travaillé comme enseignante au Portugal et en Écosse.

J. K Rowling

Roy, Patrick

Patrick Roy (1965–), une vedette canadienne du hockey, se classe parmi les plus grands gardiens de buts de l'histoire de la Ligue nationale de hockey (LNH). Patrick Roy détient le record de la LNH pour le plus grand nombre de parties en saison régulières jouées par un gardien de buts, soit 1 029, et pour le plus grand nombre de victoires, soit 551. Il détient également plusieurs records dans les séries éliminatoires, y compris le plus grand nombre de victoires, soit 151.

Patrick Roy

Roy a été la vedette de deux équipes qui ont remporté la Coupe Stanley à quatre reprises, soit avec les Canadiens de Montréal en 1986 et en 1993 et avec l'Avalanche du Colorado en 1996 et en 2001. Patrick Roy a reçu trois fois le trophée Conn Smythe remis au joueur le plus utile en séries éliminatoires. Il a également reçu à trois reprises le trophée Vézina, remis au meilleur gardien de buts de la ligue.

Patrick Roy est né le 5 octobre 1965, à Québec, dans la province de Québec. Il a pris sa retraite après la saison 2002–2003. En 2006, Patrick Roy a été élu au Temple de la renommée du hockey.

Royaume-Uni

Drapeau

Le Royaume-Uni est un pays situé au nord-ouest de l'Europe. Il comprend l'Angleterre, l'Écosse, le Pays de Galles et l'Irlande du Nord. Son nom officiel est le Royaume-Uni de la Grande-Bretagne et d'Irlande du Nord. Londres est la capitale du Royaume-Uni et sa ville la plus importante. Le Royaume-Uni possède un roi ou une reine, mais le chef du gouvernement est le premier ministre.

Le Royaume-Uni est situé au nord-ouest de la France, de l'autre côté du détroit de la Manche. L'Angleterre, l'Écosse et le Pays de Galles forment l'île de la Grande-Bretagne. L'Irlande du Nord est située dans la partie nord-est de l'île d'Irlande. L'île d'Irlande est située à l'ouest de la Grande-Bretagne. Le pays d'Irlande, sur la partie sud de l'île d'Irlande, ne fait pas partie du Royaume-Uni.

Géographie. La moitié septentrionale de l'Écosse est recouverte de montagnes et de vallées profondes. La plus grande partie de cette région est recouverte de landes, c'est-à-dire des grandes zones d'herbes, de petits arbustes et de buissons peu élevés appelés bruyères. De nombreuses baies découpent la côte. Des montagnes abruptes entourent certaines baies étroites. Cette région septentrionale compte peu d'habitants. Plus loin vers le sud de l'É-cosse, on trouve des collines et de bonnes terres agricoles.

Les Highlands écossais renferment certains des plus beaux paysages de la Grande-Bretagne.

Des montagnes peu élevées partent du sud de l'Écosse et descendent jusqu'au milieu de l'Angleterre. Une plaine herbeuse recouvre la région centrale de l'Angleterre. Plus loin vers le sud, on trouve une région agricole couverte de collines et de plaines plates. Des falaises de craie blanche bordent certaines parties de la côte sud. Les falaises les plus célèbres sont situées près de Douvres, au sud-est de l'Angleterre. Des falaises de granit bordent le littoral du sud-ouest de l'Angleterre.

Des montagnes recouvrent une grande partie du Pays de Galles, dans la partie sud-ouest du Royaume-Uni. L'Irlande du Nord possède des montagnes peu élevées, des vallées profondes et des basses terres recouvertes de riches terres agricoles.

Population. La plus grande partie des habitants du Royaume-Uni, que l'on appelle Britanniques, sont des Européens blancs dont les ancêtres comprennent les *Celtes*, les Romains, les Angles, les Saxons, les Jutes, les Danois et les Normands. Depuis les années 1950, de nombreuses personnes sont venues s'établir au Royaume-Uni en provenance de pays autrefois contrôlés par celui-ci.

L'anglais est la langue officielle du Royaume-Uni. Quelques personnes en Écosse et en Irlande parlent également des formes de gaélique, et certaines personnes au Pays de Galles parlent le gallois. Le gaélique et le gallois se sont tous deux développés à partir de langues parlées par les Celtes.

Le Royaume-Uni compte deux églises nationales, l'Église anglicane et l'Église d'Écosse. Les deux sont des églises chrétiennes. Certaines personnes sont membres d'autres religions chrétiennes, telles que la religion catholique. Le Royaume-Uni compte également l'un des groupes de juifs parmi les plus nombreux en Europe.

Pratiquement toute la population du Royaume-Uni vit dans les villes ou près de celles-ci. De nombreuses personnes vivent dans des appartements ou dans des maisons modernes. La plupart d'entre eux portent des vêtements comme ceux que l'on voit en Amérique du Nord et dans les autres régions de l'Europe.

En général, la cuisine britannique est simple. Un repas typique comprend un rôti de bœuf, de la viande de mouton ou du porc avec des pommes de terre et d'autres légumes. Comme de nombreux Nord-Américains, de nombreux Britanniques apprécient également les repas-minute, tels que les hamburgers, la pizza ou un repas rapide constitué de poisson frit et de pommes de terre frites, que l'on appelle « fish and chips ». Le thé est la boisson chaude la plus populaire au Royaume-Uni. De nombreux adultes aiment prendre une bière et rencontrer des amis dans des édifices publics appelés « pubs ».

Le Royaume-Uni et ses voisins

Royaume-Uni, suite

Les profondes vallées de l'Irlande du Nord sont connues pour leur beauté.

Les Britanniques apprécient la nature. De nombreuses personnes pratiquent la marche ou se promènent à bicyclette. Près de la moitié des familles du Royaume-Uni possèdent un jardin. Le sport le plus populaire regardé par les Britanniques est le soccer, appelé football au Royaume-Uni.

Le Royaume-Uni compte environ 2 500 musées et galeries d'art. Le *British Museum,* un musée de réputation internationale, est situé à Londres. Le Royaume-Uni, et particulièrement Londres, est également l'un des principaux centres mondiaux de pièces de théâtre.

Ressources et produits. Plus de la moitié des habitants du Royaume-Uni travaillent dans les entreprises de services. Ils travaillent comme enseignants, médecins et avocats, ainsi que dans des banques, des compagnies d'assurance, des hôtels, des magasins et d'autres entreprises. De nombreuses personnes travaillent dans les grandes villes, Londres en particulier, ou à proximité de celles-ci.

Le Royaume-Uni possède de nombreuses usines. Le pays fabrique une importante quantité d'acier ainsi qu'un grand nombre de produits en métal, comme des avions, des voitures, de l'équipement agricole, de l'équipement de chemin de fer et des outils. Les usines du Royaume-Uni fabriquent également des livres, des produits chimiques, des textiles, de l'équipement électronique, des médicaments, des plastiques et d'autres produits. Le Royaume-Uni gagne beaucoup d'argent grâce à la vente de ses produits à d'autres pays.

La pêche est un autre secteur d'activité important pour le Royaume-Uni. Près de la moitié de ses prises proviennent des eaux qui entourent le Royaume-Uni, particulièrement la mer du Nord.

Le Royaume-Uni possède peu de ressources naturelles, mais il produit du pétrole, du charbon et du gaz naturel. Ces ressources sont utilisées pour faire

Des montagnes recouvrent une grande partie du Pays de Galles.

fonctionner les voitures, pour chauffer les maisons et les entreprises, et à d'autres fins.

Les terres agricoles sont une autre ressource naturelle importante. Les terres agricoles recouvrent près de la moitié du Royaume-Uni. De nombreux fermiers britanniques cultivent divers produits et élèvent différents animaux. Dans presque toutes les régions du pays, des fermiers élèvent des moutons pour leur viande et leur laine. Toutefois, les fermiers du Royaume-Uni ne produisent pas suffisamment de nourriture pour toute la population. Le Royaume-Uni doit acheter une partie de sa nourriture à d'autres pays.

Voiliers ancrés à Brixham, sur la péninsule Sud-Ouest chaude de l'Angleterre.

Histoire. La région aujourd'hui appelée Royaume-Uni est habitée depuis des milliers d'années. Pendant la plus grande partie de l'histoire écrite de la région, celle-ci a été divisée en plusieurs royaumes séparés. Le Royaume de Grande-Bretagne a été établi en 1707. Cette année-là, le parlement du royaume d'Angleterre et du Pays de Galles et le parlement du royaume d'Écosse ont tous deux adopté l'Acte d'union. Celui-ci unissait les deux royaumes sous un même gouvernement.

Au XVIIIe siècle, la Révolution industrielle qui a commencé en Grande-Bretagne en a fait le pays le plus riche au monde. La révolution a commencé avec l'invention de machines qui aidaient à filer et à tisser le coton. Avant cette époque, les gens filaient le coton pour en faire du fil, puis utilisaient ce fil pour tisser à la maison. Les usines, grâce à leurs machines, pouvaient produire des quantités beaucoup plus importantes de textiles. L'Empire britannique a également bâti beaucoup de bateaux à cette époque. Il faisait des affaires et du commerce dans de nombreuses régions du monde.

De 1775 à 1783, la Grande-Bretagne était en guerre contre ses colonies américaines. Cette guerre est connue sous le nom de Révolution américaine. La Grande-Bretagne a perdu la guerre et les colonies sont devenues les États-Unis, un pays libre. Toutefois, plus tard, la Grande-Bretagne faisait plus d'affaires avec les États-Unis indépendants qu'elle ne l'avait fait avec ses colonies américaines.

En 1801, l'Irlande s'est unie à la Grande-Bretagne pour constituer le Royaume-Uni de Grande-Bretagne et d'Irlande. Au cours du XIXe siècle, l'Empire britannique n'a cessé de grandir. En 1900, le Royaume-Uni gouvernait de nombreuses régions du monde.

La Première Guerre mondiale (1914–1918), puis la Grande Crise qui a commencé en 1929, ont été des temps difficiles pour les habitants du Royaume-Uni. Plusieurs nations ont réclamé leur indépendance de l'Empire britannique. L'Irlande du Sud a acquis une certaine indépendance en 1921, lorsqu'elle est devenue l'État libre d'Irlande. Le pays est ensuite devenu complètement indépendant en 1931, date à laquelle le Royaume-Uni a également accordé leur indépendance à l'Australie, au Canada, à la Nouvelle-Zélande, à Terre-Neuve et à l'Afrique du Sud. L'Irlande du Nord a continué à faire partie du Royaume-Uni.

De nombreuses autres colonies britanniques de l'Asie et de l'Afrique, y compris l'Inde, le Kenya et la Malaisie, ont acquis leur indépendance après la Deuxième Guerre mondiale (1939–1945). Les problèmes économiques du Royaume-Uni ont continué. À la fin du XXe siècle, le Royaume-Uni avait perdu la plus grande partie de son empire jadis si puissant. Toutefois, il jouait encore un rôle important dans les affaires mondiales. En 2003, le Royaume-Uni s'est joint à la guerre contre le terrorisme dirigée par les États-Unis après les attentats terroristes contre le World Trade Center et le Pentagone en 2001.

Autres articles à lire : **Angleterre; Écosse; Grande-Bretagne; Irlande du Nord; Pays de Galles**

Rubéole

La rubéole est une maladie causée par un virus. Le virus peut se transmettre lorsqu'une personne infectée tousse ou éternue.

La plupart des personnes qui attrapent la rubéole sont des enfants ou des adolescents. Les premiers symptômes de la maladie sont une faible fièvre, des douleurs à la gorge et l'écoulement nasal. Un autre symptôme est l'enflure douleureuse des glandes dans le cou et derrière les oreilles. Une éruption rosée peut alors apparaître. L'éruption commence sur le visage avant de se répandre au reste du corps. Elle dure pendant deux ou trois jours. Parfois, l'éruption est difficile à voir sur les peaux plus foncées. Un enfant qui a attrapé la rubéole peut généralement retourner à l'école une semaine après la disparition de l'éruption.

La rubéole peut être prévenue. Les enfants peuvent recevoir un *vaccin* contre la maladie.

Autres articles à lire : **Rougeole**

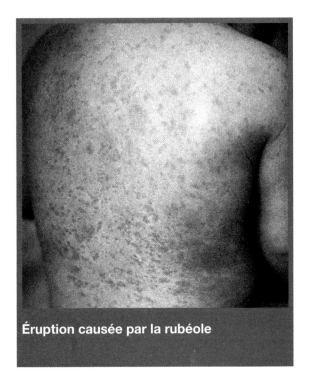
Éruption causée par la rubéole

Rubis

Un rubis est un joyau rouge et dur que l'on utilise pour fabriquer des bagues, des colliers, des bracelets ou d'autres ornements. Le rouge de la plupart des rubis a une légère teinte brune ou jaune, mais les plus beaux rubis ont une couleur rouge légèrement bleutée. Les beaux rubis sont parmi les joyaux les plus coûteux. Le rubis est la pierre de naissance des personnes nées en juillet.

Les meilleurs rubis proviennent du Myanmar (autrefois appelé Birmanie). Les rubis proviennent également de la Thaïlande, du Sri Lanka et de l'Inde. Ces rubis sont extraits du sol. On peut également produire des rubis artificiellement. Beaucoup de rubis artificiels sont produits chaque année.

Les rubis sont faits d'un minéral appelé *corindon*. Un morceau de corindon est un rubis s'il est rouge ou un saphir s'il est bleu. On l'appelle saphir de fantaisie s'il est d'une couleur autre que le rouge ou le bleu.

Rubis rouge

Rudolph, Wilma

Wilma Rudolph (1940–1994) était une coureuse américaine. Lors des Jeux olympiques de 1960, qui ont eu lieu à Rome, elle est devenue la première Américaine à remporter trois médailles d'or dans les épreuves d'athlétisme. Elle a gagné la course du 100 mètres et la course du 200 mètres, et elle était membre de l'équipe américaine qui a gagné la course de relais sur 400 mètres.

Wilma Glodean Rudolph est née à St. Bethlehem, au Tennessee. À l'âge de 4 ans, elle est tombée gravement malade. Elle n'a pas marché normalement avant l'âge de 11 ans. Wilma Rudolph a travaillé avec acharnement pour devenir une bonne athlète. Elle a participé à ses premiers Jeux olympiques à l'âge de 16 ans. Plus tard, elle a établi des records du monde à la course de 100 mètres et à la course de 200 mètres.

Wilma Rudolph

Rugby

Le rugby est un sport rapide joué par deux équipes. Les joueurs de chaque équipe peuvent marquer des points en envoyant du pied le ballon par-dessus le but de l'équipe adverse. Ils peuvent également marquer des points en touchant le ballon sur le sol derrière la ligne de but de l'adversaire. L'équipe qui marque le plus de points gagne le match.

Une partie de rugby est appelée match. Elle est divisée en deux périodes de 40 minutes chacune. Les périodes sont séparées par une période de repos dont la durée ne dépasse pas 5 minutes. Un match est également interrompu si un joueur est blessé, si des points sont marqués, si le ballon sort des limites ou si un joueur enfreint les règles du jeu.

Les deux variétés de rugby sont appelées rugby à XV
(*Rugby Union*) et rugby à XIII (*Rugby League*). Les jeux se
ressemblent beaucoup, mais le
rugby à XV est joué par des
participants qui jouent pour le
plaisir. Les joueurs professionnels
— ceux qui gagnent de l'argent
pour jouer — jouent au rugby à
XIII. Le reste de cet article décrit
le jeu de rugby à XV.

Comment jouer au rugby

On joue au rugby sur un terrain
de forme rectangulaire. Les
lignes de but sont séparées de
100 mètres (109 verges). Sur
chaque ligne de but, on trouve
deux montants reliés par une
barre transversale. Chaque
équipe compte 15 joueurs. Les joueurs ne portent pas de
coussins protecteurs.

Le rugby est un sport populaire
dans de nombreux pays.

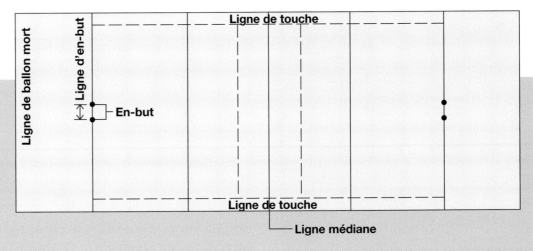

Un terrain de rugby à XV a environ la même taille d'un terrain de rugby à XIII. L'aire de jeu est plus petite, et certaines autres marques sont différentes.

Ligne de ballon mort
Ligne d'en-but
En-but
Ligne de touche
Ligne de touche
Ligne médiane

Le match commence par une mise en jeu du ballon. L'équipe qui prend possession du ballon tente de le déplacer au-dessus de la ligne de but de l'équipe adverse. Les joueurs peuvent déplacer le ballon en le portant, en le frappant du pied ou en se le passant. Les joueurs ne peuvent passer le ballon que sur le côté ou derrière eux. Les adversaires essaient d'empêcher le ballon d'avancer. Une façon d'arrêter le ballon est de plaquer le joueur qui le porte. Le joueur plaqué doit lâcher le ballon. N'importe quel autre joueur peut alors ramasser le ballon et courir avec celui-ci ou le frapper du pied.

Il existe trois façons pour une équipe de marquer des points. La première façon est d'effectuer un coup appelé essai. Un essai est marqué lorsque le joueur presse le ballon contre le sol derrière les montants du but. Un essai vaut 5 points. Après l'essai, un des joueurs de l'équipe qui a marqué essaie de donner un coup de pied au ballon pour l'envoyer par-dessus la barre transversale à partir d'un endroit sur le terrain. Cette deuxième façon de marquer des points est appelée un but sur transformation. Elle vaut 2 points.

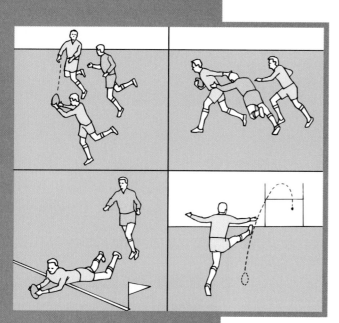

Les joueurs de rugby peuvent passer le ballon vers le côté (en haut à gauche). Ils peuvent repousser un adversaire (en haut à droite). Ils peuvent marquer un essai en touchant le ballon sur le sol (en bas à gauche) ou marquer un but en frappant le ballon du pied (en bas à droite).

La troisième façon de marquer des points est de marquer un but. Un joueur marque un but lorsqu'il lâche le ballon et qu'il l'envoie d'un coup de pied par-dessus la barre transversale après le premier rebondissement du ballon. Cela s'appelle également un but sur coup de pied tombé ou *dropped goal*.

Un joueur peut également marquer un but de pénalité en envoyant le ballon par-dessus la barre transversale d'un coup de pied à partir d'un endroit fixe sur le terrain. Un joueur peut essayer de marquer un but de pénalité si l'équipe adverse enfreint certains règlements. Le but tombé et le but de pénalité valent tous les deux 3 points.

Russie

La Russie est le plus vaste pays du monde. Il est presque deux fois plus grand que le Canada, le deuxième plus grand pays. La Russie s'étend de l'océan Arctique au nord, jusqu'à la mer Noire, et borde la Géorgie, l'Azerbaïdjan, la mer Caspienne, le Kazakhstan, la Chine, la Mongolie et la Corée du Nord au sud. Elle est entourée à l'ouest par la Norvège, la Finlande, l'Estonie, la Lettonie, le Bélarus et l'Ukraine, et par l'océan Pacifique à l'ouest. La Russie couvre une grande partie des continents de l'Europe et de l'Asie. Moscou est la capitale de la Russie et sa ville la plus importante.

Entre 1922 et 1991, la Russie était la plus grande république de l'Union soviétique, qui était alors le pays communiste le plus puissant au monde. Le communisme est un système dans lequel la plus grande partie de l'industrie et des terres appartiennent au gouvernement et sont censées être partagées de façon égale entre les habitants. En 1991, l'Union soviétique s'est divisée en 15 pays indépendants. La Russie était l'un de ces pays.

Géographie. Le territoire de la Russie peut être divisé en quatre régions principales qui sont très différentes les unes des autres.

Une région plate appelée toundra s'étend le long du nord du pays. Les hivers y sont longs et froids. Sur près de la moitié de la toundra, le sol est gelé toute l'année. Cette région compte peu d'habitants. On y trouve de petits arbres, des arbustes et des mousses.

La ceinture forestière se situe au sud de la toundra. Cette étendue de forêt comprend un grand nombre de pins et d'autres conifères. Plus au sud, on trouve des bouleaux, des ormes, des érables et des chênes.

Des plaines d'herbes, appelées steppes, traversent la Russie au sud de la ceinture forestière. Les meilleures terres de la Russie se situent dans les steppes méridionales, et la plus grande partie de cette région est consacrée à l'agriculture.

Le lac Baïkal se trouve en Sibérie, la plus grande région de la Russie. C'est le lac le plus profond au monde.

On trouve des zones sèches et désertiques dans certains endroits au sud des steppes, et des montagnes à d'autres endroits. Les monts Oural s'étendent du nord au sud du pays, en traversant chacune des quatre régions, et forment la frontière entre la partie de la Russie située en Europe et la partie située en Asie.

La Russie est également connue pour ses nombreux lacs. La mer Caspienne, un lac salé qui est le plus grand lac au monde, se situe dans le sud-ouest de la Russie. Le lac Baïkal, au sud de la Russie, est le lac le plus profond du monde.

Population. La Russie compte environ 142 millions d'habitants. La plupart d'entre eux sont des Russes, mais on trouve également plus de 100 autres groupes en Russie.

La plupart des Russes vivent dans la partie occidentale du pays. Très peu d'habitants vivent dans les montagnes abruptes de l'est. Plus de la moitié de la population de la Russie vit dans les villes. Les villes de la Russie sont surpeuplées.

De petits groupes d'habitants vivent dans le climat difficile et froid de l'extrême nord. Ceux-ci comprennent les *Aléoutes* et les *Inuits*. Ces peuples parlent différentes langues, mais leurs modes de vie dans les régions froides sont très semblables.

Pendant la plus grande partie du XIXe siècle et au début du XXe siècle, la Russie était un centre populaire des arts. Parmi ses grands écrivains, on compte Anton Tchekhov, Fiodor Dostoïevski et Léon Tolstoï. Plusieurs grands compositeurs dont les œuvres sont toujours appréciées aujourd'hui sont nés en Russie. Modeste Moussorgski, Nikolaï Rimski-Korsakov et Piotr Ilitch Tchaïkovski étaient tous des compositeurs russes. On peut également citer beaucoup d'architectes, de danseurs de ballet et de peintres russes importants.

La place Rouge, à Moscou, est entourée de nombreux édifices célèbres, tels que la cathédrale Saint-Basile (à gauche), le tombeau de Lénine, (au centre) et le Kremlin (à droite).

Ressources et produits. La Russie est riche en ressources naturelles. Ce pays possède de grandes forêts, d'immenses champs de pétrole et d'énormes gisements de gaz naturel, de charbon et de fer.

La Russie produit de la machinerie lourde , des tracteurs, des bateaux et de l'équipement électrique. Ses usines fabriquent des produits chimiques, des produits en plastique, des matériaux de construction, des véhicules motorisés et d'autres marchandises. De plus, la Russie produit des métaux et raffine le pétrole.

Lorsque la Russie faisait partie de l'Union soviétique, les paysans travaillaient dans d'énormes fermes exploitées par le gouvernement. Après l'éclatement de l'Union soviétique, la Russie a commencé à diviser ces fermes. Aujourd'hui, les Russes peuvent exploiter leur propre ferme. Les céréales, telles que l'orge, l'avoine et le blé, sont des récoltes importantes du pays.

Histoire. L'histoire de la Russie remonte aux années 800; à cette époque, la partie européenne du pays était contrôlée par le peuple slave. Les Slaves ont bâti des villes et ont développé le commerce. Les villes importantes étaient gouvernées par un prince. Le dirigeant de la ville la plus puissante était appelé le grand-prince. Entre le XIIIe et le XVe siècle, les Mongols de l'Asie centrale contrôlaient la plus grande partie de la

Coup d'œil sur la Russie

Capitale : Moscou.

Superficie : 17 098 242 km² (6 601 669 mi²). *Distances les plus grandes* — est-ouest : 9 650 km (6 000 mi); nord-sud : 4 500 km (2 800 mi).

Population : *Estimation actuelle* — 141 358 000. *Recensement de 2002* — 145 166 731.

Langue officielle : le russe.

Principaux produits : *Agriculture* — avoine, betteraves à sucre, blé, bovins, fruits, légumes, moutons, orge, pommes de terre, porcins, seigle, tournesols. *Pêche* — aiglefin, hareng, morue, saumon. *Fabrication* — aliments transformés, machinerie, matériaux de construction, papier, produits chimiques, produits électroniques, textiles. *Mines* — charbon, étain, gaz naturel, minerai de fer, nickel, or, pétrole, platine, plomb, sel, tungstène.

Monnaie : *Unité de base* — le rouble russe. Le rouble est divisé en cent kopecks.

Forme de gouvernement : une république.

Climat : La majeure partie de la Russie a des hivers longs et extrêmement froids et des étés doux ou chauds, mais courts. Dans le nord-est de la Sibérie, la région la plus froide du pays, les températures moyennes en janvier sont inférieures à –46 °C (–50 °F). La pluie est modérée dans la plus grande partie de la Russie. Plus de la moitié du pays est recouvert de neige pendant six mois chaque année.

La Russie et ses voisins

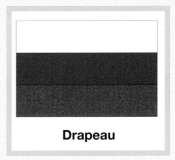

Drapeau

Un gardien de troupeaux guide ses rennes dans la neige, en Sibérie.

Russie. Après la fin du règne mongol, Moscou est devenue la ville russe la plus puissante.

En 1547, le grand-prince Ivan IV de Moscou, également connu sous le nom d'Ivan le Terrible, a été le premier dirigeant de Russie à être couronné tsar, c'est-à-dire empereur. Du XVIe au XIXe siècle, les tsars de Russie ont bâti un immense empire qui s'étendait de l'Europe de l'est jusqu'à l'océan Pacifique. Les tsars disposaient d'un grand pouvoir, mais la plus grande partie de la population de la Russie était pauvre et peu instruite.

Ivan le Terrible est mort en 1584. Peu après, la Russie a connu une période de guerre civile et des invasions. Cette période, appelée l'Interrègne, a duré de 1604 à 1613. En 1613, Michel Romanov est devenu tsar. La lignée des tsars Romanov qui a commencé avec Michel a duré jusqu'en 1917.

À la fin du XIXe siècle et au début du XXe siècle, le peuple russe a commencé à s'élever contre le contrôle du tsar. Un groupe appelé bolchevik a remporté sa première bataille contre le gouvernement russe en 1917. La Russie est devenue la République socialiste fédérative soviétique de Russie (RSFS de Russie). On pense que les bolcheviks ont assassiné le tsar Nicolas et sa famille en juillet 1918. En 1922, la RSFS de Russie et trois autres républiques ont constitué un nouveau pays appelé l'Union des républiques socialistes soviétiques (URSS), également connu sous le nom d'Union soviétique. La RSFS de Russie était la plus grande et la plus puissante des républiques de l'Union soviétique. En 1956, l'Union soviétique comptait 15 républiques.

En 1991, le régime communiste de l'Union soviétique a pris fin. Chacune des 15 républiques soviétiques est devenue un pays indépendant. En tant que pays indépendant, la Russie a connu de nombreux problèmes économiques et politiques.

Autres articles à lire : **Caspienne, Mer; Communisme; Moscou; Union des républiques socialistes soviétiques (URSS); Volga**

Rutabaga

Le rutabaga est une plante qui possède une racine comestible (qui peut être mangée). Les rutabagas ressemblent aux navets, et leur saveur est semblable. Toutefois, les rutabagas sont généralement plus gros que les navets, et ils possèdent des feuilles lisses et cireuses.

L base des rutabagas est jaune et le dessus est violet. L'intérieur des rutabagas est blanc. Les racines sont riches en vitamines et en minéraux. Les feuilles bleu-vert peuvent également être mangées. Les feuilles sont généralement cueillies au début de l'été parce qu'elles deviennent molles et amères par temps chaud. Les plantes préfèrent généralement un climat frais.

Les rutabagas ont fait leur apparition dans l'est de l'Europe au XVIIe siècle. Aujourd'hui, c'est un aliment populaire au nord de l'Europe. Les rutabagas sont également appelés choux-navets, navets du Québec ou navets de Suède.

Rutabaga

Ruth, Babe

Babe Ruth (1895–1948) a été le premier grand frappeur de coups de circuit de l'histoire du baseball. Il a frappé 714 coups de circuit pendant sa carrière. Ce record n'a été battu qu'en 1974, lorsque Henry Aaron a frappé son 715e coup de circuit.

George Herman Ruth est né à Baltimore, au Maryland. En 1914, il est devenu lanceur pour les Red Sox de Boston. Il a commencé à jouer régulièrement comme voltigeur en 1918.

En 1920, Babe Ruth a été échangé aux Yankees de New York. Tant de partisans sont venus le voir jouer que le Yankee Stadium a été surnommé « The House that Ruth Built » (la maison bâtie par Babe Ruth). En 1927, il a frappé 60 coups de circuit au cours d'une saison de 154 matchs.

Babe Ruth a terminé sa carrière de joueur en 1935 avec les Braves de Boston. Pendant son dernier match, Ruth a frappé trois coups de circuit. En 1936, Babe Ruth est devenu l'un des cinq premiers joueurs à être élus au Temple national de la renommée du baseball, à Cooperstown, dans l'État de New York.

Babe Ruth

Le Rwanda est un petit pays situé au centre-est de l'Afrique. Il est bordé au nord par l'Ouganda, à l'est par la Tanzanie, au sud par le Burundi, et à l'ouest par le Congo-Kinshasa. Le Rwanda est l'un des pays d'Afrique les plus pauvres et les plus surpeuplés. Kigali est sa capitale et sa ville la plus importante.

La plupart des habitants du Rwanda appartiennent au peuple hutu. Les Tutsis sont un peuple moins nombreux au Rwanda. Les Twas, également appelés Pygmées, constituent un autre petit groupe.

Des montagnes volcaniques recouvrent la plus grande partie de l'ouest du Rwanda. Des régions plates et élevées appelées *plateaux* recouvrent l'est du pays. Le parc national des Volcans, au nord-ouest du Rwanda, est une zone protégée pour les gorilles de montagnes, qui sont en voie de disparition.

La plupart des Rwandais sont des fermiers qui pratiquent l'agriculture pour nourrir leur famille. Le café est la principale culture commerciale vendue à d'autres pays. Le Rwanda possède peu d'industries.

Pendant des centaines d'années, le peuple tutsi était le plus riche du Rwanda et il gouvernait le pays. Une période de luttes sanglantes a eu lieu en 1959. Les Hutus ont alors pris le contrôle du gouvernement et de l'économie. Des batailles généralisées ont encore éclaté au début des années 1990. Près de 2 millions de personnes, surtout des Hutus, ont quitté le Rwanda pour échapper aux combats. Des milliers d'entre eux sont morts de faim ou de maladie dans des camps de réfugiés dans ce qui est aujourd'hui le Congo-Kinshasa. Les Tutsis ont pris le contrôle du gouvernement. Ils ont formé un nouveau gouvernement en 1994 composé de Hutus et de Tutsis, avec un président hutu. La plupart des réfugiés sont retournés au Rwanda. En 2003, les Rwandais ont voté une nouvelle constitution et ont élu un président tutsi.

Coup d'œil sur le Rwanda

Capitale : Kigali.

Superficie : 26 338 km² (10 169 mi²). *Distances les plus grandes* — est-ouest : 233 km (145 mi); nord-sud : 177 km (110 mi).

Population : *Estimation actuelle* — 9 548 000; densité de population : 363 habitants par km² (939 par mi²); répartition : 81 % en milieu rural, 19 % en milieu urbain. *Recensement de 2002* — 8 128 553.

Langues officielles : l'anglais, le français et le kinyarwanda.

Principaux produits : *Agriculture* — bananes, bovins, café, haricots, patates douces, pommes de terre, poudre de pyrèthre, sorgho, thé. *Mines* — étain, niobium, tungstène.

Monnaie : *Unité de base* — le franc rwandais.

Forme de gouvernement : république.

Climat : chaud sur le plateau, plus frais dans les montagnes; pluies modérées.

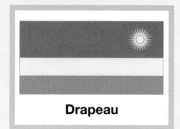

Drapeau

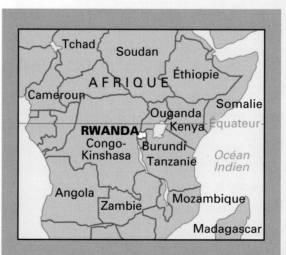

Le Rwanda et ses voisins

REMERCIEMENTS

La maison d'édition exprime sa gratitude pour l'autorisation donnée par les artistes, les photographes, les maisons d'édition, les institutions, les agences et les entreprises dont le nom figure ci-dessous d'utiliser les photos contenues dans ce volume. Les mentions de source doivent être lues de haut en bas et de gauche à droite sur leurs pages respectives. Sauf indication contraire, l'ensemble des cartes et des illustrations sont la propriété exclusive de World Book, Inc. Les graphiques des drapeaux de tous les pays ont été adaptés de Cliptures™, de Dream Maker Software. Les drapeaux et les sceaux des États et des provinces ont été fournis par le Flag Research Center, sauf mention contraire.

Cover photo: © Comstock/SuperStock

Act-Two Ltd.
Alamy Images
Alberta Agriculture
Alfred A. Knopf, Inc.
Allegheny University of Health Science
Allsport
American Library Association
American Red Cross
Amoco
Anglo-Australian Observatory
Animals Animals
AP/Wide World Photos
Archive Photos
Archives Nationales du Québec
Archives of Ontario
Art Resource
Associated Production Music
Astrodomain Complex
AT&T Archives
AT&T Network Systems
Austin Fire Department
AVID
Binney & Smith, Inc.
Boy Scouts of America
Bridgeman Art Library
British Tourist Authority
Brown Brothers
Broyhill Furniture Industries Inc.
Burlington Industries, Inc.
Case Corporation

Cathy Melloan
Center for UFO Studies
Centers for Disease Control
CERN
Charles Scribner's Sons
Chevron Corporation
Chicago Historical Society
Chicago Office of Tourism/Public Relations Dept.
Chicago Public Library
Christie Digital Systems
Christie's Images
Clark University Archives
Coherent General
Cone Mills Corporation
Confederation Life Collection
Conner Prairie
Corbis Images
Corel Corporation
Crown Stove Works
Daughters of the American Revolution Museum
Dave Butterfield
David R. Frazier
David Sarnoff Collection, Inc.
De Beers Consolidated Mines, Ltd.
Delaware Division of Parks and Recreation
Dell Computer
Democratic National Committee
Denver Public Library
Department of National Defence of Canada
Dickens House Museum

Dinodia Picture Agency
Dreamworks Animation
Dunlop Slazenger Corporation
E.R. Degginger
Edison National Historic Site
Embassy of Finland
Embassy of India
European Central Bank
European Southern Observatory
European Space Agency
Federal Bureau of Investigation
Federal Emergency Management Agency
Federal Reserve Bank of New York
Fermilab
Field Museum of Natural History
Flag Research Center
Frederick Warne & Company Inc.
Gemological Institute of America
General Motors Corporation
Georgia-Pacific Corporation
Gerald R. Ford Library
Getty Images
Girl Scouts of the USA
Goodyear Tire & Rubber Company
Government of India
Granger Collection
Hale Observatories
Hallmark Card Inc.
Harley-Davidson Motor Co., Inc.
Harper's Weekly
Henry Ford Museum and Greenfield Village
Henry Regnery Co.
Herman Miller, Inc.
Historical Pictures Service, Inc.
Howard Buffett
Illustrated London News Picture Library
Image Works, Inc.
Index Stock Imagery
Indiana University
Institute of Paper Chemistry

Remerciements

Intergraph
Izaak Walton League of America
Jay Matternes
Jazz at Lincoln Center
John Canemaker Productions Inc.
John Evans
Jon Lomberg
Jupiter Images
Korea National Tourism Organization
Landov
LBJ Library
Library of Congress
Linda Bearden
Litton Educational Publishing, Inc.
Living History Farms
Lockheed Martin
Longfellow House
Lunar and Planetary Institute
Lyndon Baines Johnson Library
MacGregor® Sporting Goods
Marble Collectors Unlimited
March of Dimes Birth Defects Foundation
Mark J. Barrett
Mary Evans Picture Library
Margaret Mead Archives
Mead Corporation
Mercedes-Benz USA, Inc.
Meteor Crater Enterprises
Michael Edwards Photography
Ministry of Culture and Information, Seoul
NASA
National Archives
National Center For Atmospheric Research
National Geographic Society
National Library of Australia
National Optical Astronomy Observatories
National Park Service
Nature Picture Library
Netherlands Information Service

Newberry Library
NHL
Nissan
NOAA
Nobelstiftelsen/The Nobel Foundation
Nuclear Energy Institute
Office of the Leader of the Opposition
Office of the Prime Minister, Canada
Office of the Vice President
Oregon Dept. of Geology and Min Industries
Palomar Observatory
Panos Pictures
Parks Canada
Parliament of Australia
Patrick McMullan Company
Peace Corps
Philomel Books
Photo Edit, Inc.
Photo Researchers, Inc.
PhotoDisc, Inc.
Picture Desk
Planetary Science Institute
Port De Quebec
Provincial Archives of Alberta
Public Archives of Canada
Quincy Historical Society
Rand McNally
Random House Inc.
Raytheon Aircraft Company
Reuters America LLC
Robert A. Siegel, Inc.
Roberta Bondar
S.D. Biju
San Francisco Visitors Bureau
Science Photo Library
Scott, Foresman and Company
Scotts Bluff National Monument
Scripps Oceanographic Institute
Seapics
Seiko Epson Corporation

Shutterstock
Simon & Schuster
Smith, E. E.
Snook
Southwest Research Institute
Steve Leonard
Stone
Sunday Times
SuperStock, Inc.
Supreme Court Historical Society
Tea Council of the U.S.A., Inc.
Tennessee Tourist Development
Texas Department of Transportation
The White House
Threshold Books Ltd.
Time Life Syndication
Tom Evans
Tom Stack & Associates
Toyota Motor Sales, U.S.A., Inc.
U.S. Air Force
U.S. Department of Defense
U.S. Geological Survey
U.S. Marine Corps
U.S. Mint
U.S. Navy
U.S. Postal Service
U.S. Senate
United Press International
University of Arizona
University of Colorado at Boulder
University of Illinois at Chicago
University of Iowa Hospitals & Clinics
University of Michigan, Museum of Art
University of Minnesota
University of Wyoming
Viking Press, Inc.
Walt Disney Company
Xomed
Yad Vashem Archives
ZUMA Press